PRIORITÉS POUR UNE PLANÈTE EN TRANSITION :

LE DOSSIER DES GENS DE L'ESPACE EN FAVEUR DE LA JUSTICE ET LA LIBERTÉ

Du même auteur:

Disponible sur internet :

Our Elder Brothers Return – A History in Books
(1875 - Present)
publié en ligne sur www.biblioteca-ga.info

Livres :

George Adamski – A Herald for the Space Brothers

Ici pour Aider : les Ovnis et les Gens de l'Espace

Les livres de l'auteur sont aussi disponibles
en langues Néerlandaise, Japonaise,
Allemande et Française.
Des traductions en espagnol sont en cours
Disponibles sur tous les grands sites
de ventes sur internet

L'auteur peut être contacté à *info@bgapublications.nl*
Le traducteur à *pierrecocheril@gmx.fr*

PRIORITÉS POUR UNE PLANÈTE EN TRANSITION :

LE DOSSIER DES GENS DE L'ESPACE EN FAVEUR DE LA JUSTICE ET LA LIBERTÉ

GERARD AARTSEN

PRIORITÉS POUR UNE PLANÈTE EN TRANSITION

Titre original : *Priorities for a planet in transition - The Space Brothers' Case for Justice and Freedom*
Première publication en Octobre 2015

Crédits photos:
Page vi : David D. Boyer. Page 12 : Wang Xi Wen. Page 14: Simona Bocchi. Page 18 haut : Image vidéo arrêtée YouTube; bas: NASA. Page 20: SOHO. Page 22: NASA. Page 36 haut : Wendelle C. Stevens; bas: Image video arrêtée YouTube. Page 37: Brit Elders. Page 49 haut: photographe inconnue; bas: Robbert Van den Broeke. Page 54: Ocean X; Hauke Vagt. Page 81: Harry Perton. Page 83: Per-Arne Mikalsen. Page 85: Mrs William Felton Barett. Page 121: Images vidéo arrêtées YouTube. Page 139 : Bernd Nachreiser.

ISBN-13/EAN-13: 978-1-326-56424-7

Publié par Pierre Cocheril.

Police: Calisto MT.

Couverture conçue par : Miguel Rubio.

Photographie de couverture:
Images arrêtées d un objet volant non identifié filmé lors de la couverture par BBC News des manifestations de masse à Hong Kong, le 30 Septembre 2014 (voir page 19)

À l'humanité

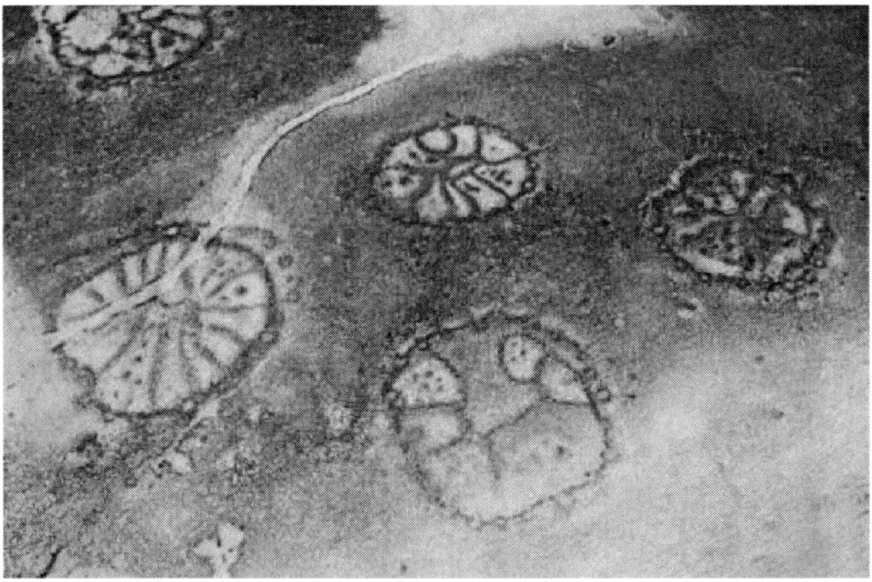

Le 14 Septembre 2011, le site web LiveScience rapporta la découverte de structures en pierre, datées d'au moins 2000 ans, en forme de roues comme illustrées ici dans l'oasis d'Azraq en Jordanie, dans tout le Moyen-Orient. Selon l'information en provenance de Benjamin Creme (*Partage International,* Novembre 2011), ce sont d'anciennes représentations ou des dessins de vaisseaux spatiaux. (Photo: © David Boyer) .

Sommaire

Liste des illustrations

Préface

De plus en plus de personnes consacrent leur temps à la recherche sur le phénomène ovni - d'aucuns en guettant ou en enquêtant sur les observations, d'autres en interviewant des témoins oculaires, d'autres encore en formulant des théories les unes après les autres. Les ovnis eux-mêmes semblent vouloir nous obliger plus que jamais à un tel effort à travers de nouvelles observations quotidiennes tout autour du globe. Bien que les drones soient entrés dans le champ des explications élusives, de moins en moins d'observations peuvent être discréditées par les théories sur les gaz des marécages, des ballons météorologiques, des satellites, des leurres lenticulaires ou des oiseaux. De surcroît, s'il s'agissait d'aéronefs militaires top secret , ces militaires devraient limoger les responsables d'autant d'observations normalement classifiées 'secret défense'.

La présence, de ce qui ne peut être que des vaisseaux d'un autre monde, est indéniable. Elle est indiscutablement soutenue par des témoignages oculaires, des photos et des vidéos. Ce livre apporte peu de choses, si ce n'est rien de nouveau, dans ce domaine.

Dans mon livre précédent, *Ici pour Aider : les Ovnis et les Gens de l Espace*, je me suis attaché à révéler le but des visites extraterrestres en me basant sur les informations reçues par les premiers contactés des temps modernes dans différents points du globe. Les récits et les témoignages de ces contactés n'étaient pas altérés par la désinformation militaire ou des gouvernements en place. Il en résulte de ce bilan une captivante image des efforts des gens de l'espace pour nous signifier l'interconnexion de la Vie, en incluant les planètes et le Cosmos, et la relation entre leur message et la Sagesse commune et traditionnelle de l'Humanité.

Nous sommes à présent en train de découvrir que dans chaque département de la vie humaine, nous ne pouvons ignorer le fait de notre unité fondamentale et innée. En méprisant cette réalité spirituelle, les crises s'enchaînent les unes après les autres à une vitesse sans précédent. Le nombre d'avis d'observateurs économiques ou d'analystes des marchés qui nous annoncent que le retour de la croissance est au coin de la rue - basés sur rien de plus que la baguette magique de la finance qui a réussi à maintenir les apparences des 'affaires habituelles'- est maintenant équivalent à ceux qui nous avertissent qu'un effondrement est en cours.

Comme il a été prédit à de nombreux contactés, le fait que nous ayons négligé les réalités spirituelles fondamentales pendant des millénaires nous a conduit au bord d'un désastre global. Nous avons vécu dans la cupidité et la compétition pendant si longtemps que nous les prenons pour des faits de nature. Nombre d'entre nous ne peuvent concevoir la vie sans ces deux atteintes à la dignité humaine, dans un contexte où l'élite mondiale nourrit joyeusement ces mythes et réussit à en faire nos politiques de façon à tirer profit de chaque service public ou chaque besoin humain envisageable.

Les détracteurs préfèrent classer ou même dénigrer, les messages des premiers contactés comme 'néo-religieux'. Cependant, dans un monde en crise globale, le présent ouvrage montrera qu'ils sont en fait des pionniers ou des jalons vers un sens renouvelé de notre humanité, avec un long retard.

Après avoir traité la question du pourquoi les visiteurs extraterrestres ne se dévoilent pas, ce livre présente davantage de preuves sur l'information de nombreux contactés, qui coïncident avec les enseignements de la Sagesse Immémoriale. Ces preuves nous montrent que leurs récits expliquent notre isolement cosmique, donnent des exemples d'alternatives pour l'organisation de la société et indiquent la direction à prendre pour l'humanité.

En supplément, un encart donne dans chaque chapitre les faits de bases sur les concepts que le lecteur peut trouver peu familiers ou controversés. De même, un addendum développe sur le fond un aspect de l'information, qui espérons enrichira la compréhension du lecteur.

Les étudiants de l'ufologie ou de l'époque des contactés trouveront un grand nombre de confirmations et d'éclaircissements sur les événements mondiaux et la sagesse traditionnelle propre à l'humanité, et réciproquement, les étudiants de la Sagesse Immémoriale au regard des informations provenant des Gens de l'Espace

Georges Adamski disait déjà en 1958 : « [Trop] d'emphase a été mis sur le phénomène des observations, et pas assez sur les modes de vie avancés montrés par les visiteurs.(...) Il est de mon opinion que si tous les groupes associaient leur recherche d'observations à un effort sincère d'examen des informations communiquées par les gens de l'espace, les dissensions [au sein des groupes qui étudient les soucoupes volantes] s'évanouiraient et un mode de vie épanouissant s'étendrait devant eux. Pour mémoire, les communications provenant des Frères ne sont pas que de belles platitudes (...) mais une structure possible et réalisable pour nos vies de tous les jours.»[1]

Priorités pour une planète en transition - Le Dossier des Gens de l'Espace pour la Justice et la Liberté ne laissera guère de doute sur la validité de cette assertion car, près de 60 ans après, 'la structure de nos nouveaux modes de vie' dévoilée dans ce livre est plus cruciale que jamais pour assurer notre survie.

Amsterdam
Août 2015

1 George Adamski (1957-58), *Cosmic Science for the Promotion of Cosmic Principles and Truth*, Series No.1, Part No.3, Question #58

Remerciements
L'auteur souhaite exprimer sa gratitude envers tous ceux qui ont accordé leur permission d'utiliser leurs documents. L'auteur est aussi pour toujours grandement redevable à Benjamin Creme, en Angleterre, pour ses continuels éclaircissements sur les enseignements de la Sagesse Immémoriale.

1. La présence extraterrestre: voir la forêt en partant des arbres

Voir et entendre les témoignages publiques d'une douzaine d'officiels qui confirment la présence extraterrestre est un acte puissant de divulgation. Chacun le reconnaîtra en visionnant la récente compilation vidéo de six minutes, intitulée '*Mettons fin aux bêtises sur les ovnis et les visiteurs ET*'.[1] Aucun de ces témoignages n'était nouveau. Ils ont tous été divulgués au cours des six dernières décennies, bien que n'ayant pas emporté la conviction des médias, semble-t-il, pour justifier d'un traitement médiatique sérieux et réfléchi, pourtant mérité. Cependant, de ce rassemblement émerge indéniablement une image positive de dévoilement, venant de personnes qui sont ou ont été actives au sein même des instances gouvernementales, scientifiques et militaires qui sont pourtant responsables de la dissimulation des faits sur la présence extraterrestre.

La plupart de ces déclarations figurent dans mon livre précédent, *Ici pour Aider, les ovnis et les gens de l'espace*, et montrent qu'un nombre croissant d'officiels ont pris position dans les médias, comme l'ex-président de Kalmoukie et président de la FIDE Kirsan Ilyumzhinov, le Pape Jean XXIII, l'astronaute d'Apollo 14 Edgar Mitchell, le consul Italien Alberto Perego, le scientifique Hongrois Ervin László, l'ex législateur d'état du New Hampshire Henry McElroy Jr, l'ex-capitaine de l' US Air Force Robert Salas, et l'ex-Ministre de la Défense du Canada Paul T. Hellyer. De nombreux autres militaires et personnalités officiels peuvent être ajoutés à cette liste, ainsi qu'un nombre croissant de célébrités, mais depuis la publication de mon livre précédent, deux dignitaires ont particulièrement retenu mon attention par leurs déclarations.

En premier lieu figure Lachezar Filipov, Directeur adjoint de l'Institut de Recherche Spatiale Bulgare, qui déclara en 2009: « les aliens sont parmi nous et tout autour de nous. Ils nous observent tout le temps. Ils ne sont pas hostiles envers nous, ils veulent nous aider. Mais, nous n'avons pas grandi suffisamment pour être directement en contact avec eux.»[2] La communauté scientifique Bulgare fut embarrassée par l'attention médiatique donnée aux déclarations de M. Filipov. Dans la bonne tradition scientifique au sujet de la présence extraterrestre sur Terre, ils décidèrent de marquer leur consternation en destituant M. Filiopov de toutes ces positions. Il ne resta pas cependant silencieux et, en 2012, dans une interview sur la chaîne Bulgare BTV, lors du show du matin *Tazi Sutrin* (Ce Matin), il confirma : « j'ai été démis de toutes mes fonctions. Mes collègues sont embarrassés par mon intérêt et mon adhésion à l'existence, et à la diffusion de la présence de l'intelligence extraterrestre.»[3]

Dans cette même interview, il décrit une observation d'ovnis au dessus de Stalingrad (Volgograd à présent) en 1942. Joseph Staline en fut informé. Le Professeur Filipov relate comment son tuteur en entendit parler par l'ingénieur de lanceur soviétique et le concepteur d'engins spatiaux Sergei Korolyov : "En 1947 Staline appelle Korolyov et lui dit, 'Prends ces quatre ou cinq dossiers'. Il l'enferma dans une chambre pour qu'il analyse les informations compilées sur les ovnis. Au bout de trois jours, Korolyov dit en sortant : « c'est une technologie exceptionnellement intéressante. Elle ne pose aucun danger pour nous en ce moment, mais nous ne savons rien dessus.» A partir de ce moment, toute la documentation fut remise au KGB.

Lors d'un épisode tacite et tangent à la révélation qui s'est déroulé, par la suite, malgré tous les efforts du gouvernement, le Premier Ministre Russe et l'ex-Président Dimitry Medvedev fit des confidences à une journaliste le 7 Décembre 2012. Apparemment, données sur un ton Off, elles firent grand bruit dès qu'elles furent postées sur internet : « Avec l'attaché-case qui contient les codes nucléaires, le Président se voit remettre un dossier top secret qui est entièrement dédié aux extraterrestres qui visitent notre planète. Le rapport est alimenté par une agence secrète qui s'occupe des extraterrestres dans notre pays.»[4]

S'il s'agit bien du dossier auquel M. Korolyov a eu accès en 1947, on peut considérer, qu'au fil du temps, le Président Russe ait un avantage sur ses homologues américains, si ce n'est avec le grand public. Ce n'est donc pas pour rien que John Podesta, l'ancien chef de cabinet de Bill Clinton, exprima ses regrets « de ne pas avoir encore été capable de garantir la divulgation des dossiers ovnis» lorsqu'il se retira du poste de conseiller du Président Barack Obama en Février 2015. Sur l'importance du dévoilement officiel au public, M. Podesta déclara à une conférence de presse organisée par la 'Coalition for Freedom of Information' en 2002 : « il est temps de révéler la vérité telle qu'elle est . Nous devons le faire, très franchement, car les Américains peuvent recevoir cette vérité. Et nous devons le faire, car c'est la Loi.»[5]

Dès la fin des années 50, le chercheur et ingénieur de l'État Canadien Wilbert Smith déclarait : « On peut se demander, si tout cela a été divulgué, pourquoi cela n'a pas été médiatisé, pourquoi cela ne fait-il pas l'objet d'études à la place des bombes atomiques ? La réponse est que cela a été médiatisé». Néanmoins, il ajoute, «ceux qui ont le contrôle de notre société sont satisfaits de sa conduite et résisteront à toutes tentatives de changement qui serait à même de perturber l'équanimité de leurs vies.» [6]

Sa remarque fut confirmée pas le physicien de l'atmosphère James E. McDonald, qui critiqua ouvertement la politique du gouvernement US. Instituée dans les années 50, elle prévoyait une amende de 10 000$ ou 10 ans de prison pour toute information communiquée au niveau de la base aérienne. « En conséquence, il n'y eut pas le moindre semblant de recherche scientifique dans les 15 années suivantes.» [7]

Dans son bulletin *Cosmic Science* de Juin 1958, Georges Adamski reproduisit des extraits de 'l'Air Force Regulation 200-2' émise par le Secrétaire de l'Armée de l'Air, Harold E. Talbott, en date du 26 Août 1953, qui implique que tout rapport authentique sur un ovni par l'armée de l'Air doit être tenu au secret du public : « une information relative à une observation peut être communiquée à la presse ou au grand public par le Commandant de la Base concernée si seulement elle est positivement identifiée comme familière ou d'un objet connu.»[8]

Howard Menger, un autre des premiers contactés, a été également très clair sur les raisons du silence des gouvernements, dès 1959 : « les officiels refusent particulièrement de parler car cela perturberait notre économie. La connaissance qu'ils en ont acquis leur fait part d'une façon de vivre totalement différente. Une façon de vivre selon la loi de Dieu et non celles des hommes. La plupart de nos sources d'énergies mécaniques deviendraient obsolètes.»[9]

Dans la même veine que les interrogations de Wilbert Smith, beaucoup de gens qui acceptent la présence extraterrestre comme un fait se demandent «pourquoi ils ne se montrent pas ouvertement», «pourquoi ils ne prouvent pas leur existence par des atterrissages massifs», «pourquoi restent-ils si distants», et ainsi de suite dans le même registre. Cette interrogation s'exprime depuis le début des contactés de l'ère moderne dans les années 50.

En réponse, Georges Adamski explique: « ...sans une compréhension de qui sont ces gens, et du but de leur venue, leur soudaine apparition serait terrifiante.»[10] Il ajouta plus tard : « les visiteurs font en sorte de passer inaperçus sur Terre, se conformant strictement à nos habitudes; car ils ont conscience que beaucoup de personnes ont du mal à croire que des êtres avancés nous entourent dans l'espace. Il sont bien informés du ridicule auquel ceux qu'ils contactent doivent faire face...» [11] Le Martien Firkon a dit en fait : « nous ne nous réjouissons pas du secret qui entoure nos réunions. Nous préférerions de beaucoup pouvoir aller et venir vous rendre visite comme nous le faisons dans les autres mondes. Mais, tant que nos visites ne sont pas comprises, elles sont donc dangereuses pour nous et nos vaisseaux, nous maintiendrons la prudence actuelle.»[12]

L'auteur Chilien Enrique Barrios, qui narra son expérience en 1985 dans son livre *Ami, l Enfant des Étoiles,* se vit dire que lorsque les visiteurs de l'espace s'adressent à nous, leur mode opératoire est de «ne pas interférer avec le développement évolutionnaire de la Terre. Nous montrer ouvertement pour avoir une communication de masse [le serait]» [13] S'il devait y avoir un atterrissage de masse, « des milliers de personnes décéderaient sur le coup. Rappelle-toi tous ces films sur les envahisseurs ! nous ne sommes pas inhumains, nous ne voulons pas causer cela.»[14]

Qui, sur Terre, Georges Adamski prend au sérieux ?

En se fondant sur ses recherches, le réputé auteur anglais Timothy Good dit que « de nombreuses déclarations d'Adamski ne peuvent être écartées».[a] Il déclare aussi qu' «Adamski détenait une carte d'identification de l' 'Ordnance Department' du gouvernement américain. Elle lui donnait accès aux bases militaires qui lui remettait des informations sensibles .»[b]

Après l'interview d'Adamski, le correspondant scientifique du journal *Sunday Express* (UK) Robert Chapman a dit que «...s'il était illuminé, il était le plus lucide et le plus intelligent des illuminés que j'ai jamais rencontré.»[c]

Au sujet de la très contestée photographie d'Adamski J. Peverell Marley, un expert en trucage photo de son temps à Hollywood, déclara que si c'est un canular, les images d'Adamski étaient les plus intelligentes qu'il ait jamais vu. De plus, quatorze experts de la société cinématographique anglaise de premier plan, *The Rank Group* conclurent que l'objet photographié était soit réel soit un modèle à l'échelle un.

Le chef de la société anglaise Jetex Model Aircraft Joseph Mansour a dit que : « la raison pour laquelle je crois que les photographies ne sont pas faites à partir de maquette est que je pense qu'il est incapable de fabriquer un modèle d'assez bonne qualité pour en faire des photos truquées.» [d] Faire un modèle à taille réelle «aurait nécessité des sommes d'argent considérables, et je doute qu'elles eussent été suffisantes pour modéliser un appareil aussi étrange".[e]

De même, William Sherwood, un physicien en optique de la Eastman Kodak Company (USA), examina quelques films d'ovnis qui s'en suivirent et les trouva absolument authentiques.[f]

Dans son livre *Alien Base* (1998) Timothy Good conclut ; « Mis à part mes propres convictions, je sens qu'il est important de ré-insister sur une grande partie de ce qu' Adamski a écrit et a dit au sujet des 'gens de l'espace' et de leurs technologies. A l'aube du 21ème siècle, il est plus plausible et scientifiquement pertinent qu'il ne l'était 40 ans auparavant.»[g]

Notes en page 32

Howard Menger, dit également que les gens de l'espace ont conscience du risque de détruire une civilisation moins avancée en imposant une sagesse supérieure à ceux qui ne peuvent la comprendre. «Ils prennent beaucoup de précautions dans la manière de nous éduquer».[15] Il ajoute par ailleurs : « les atterrissages de masse, les grandes manifestations et autres n'engendreraient que de la confusion. L'armée serait immédiatement impliquée. Les gouvernements seraient en plein trouble, chacun cherchant son intérêt. Ce serait une période d'hystérie , voire de panique. Ainsi, dans l'intérêt de l'humanité, les gens de l'espace nous approchent avec précaution.» [16]

Benjamin Creme, l'ésotériste Britannique, qui a travaillé avec les gens de l'espace dans les années 50, dit : «Ils peuvent atterrir, faire grand bruit et nous dire qu'ils sont ici, mais ils ne le font pas. Ils établissent des contacts avec calme et sensibilité - de façon à ne pas causer de panique. S'ils s'approchent et que les gens commencent à être paniqués ou terrifiés, ils s'en vont. Si les gens ne paniquent pas, alors l'approche peut se produire.» [17] De même, les contacts de Menger lui ont dit: « nous nous sommes rendus compte que nous ne pouvions convaincre tout le monde en une seule fois. De toute façon, ce ne serait pas une bonne idée, cela causerait un trop grand choc aux personnes peu développées.»[18]

Vers 1965, le contacté Hollandais Stefan Denaerde a été également informé que «:[l]'isolement cosmique d'une race intelligente ne peut être levée que lorsqu'un minimum de culture a été atteint; nous l'appelons 'stabilité sociale'»[19] En effet, ses contacts lui dirent : « la chose la plus importante pour nous et de nous assurer que votre liberté de pensée n'est pas compromise. La liberté est l'essence de l'humanité, et si nous allions à son encontre, ce serait un crime selon notre éthique. En conséquence, nous nous limitons à vous apporter des connaissances et non des convictions.»[20] Ainsi, ils lui recommandèrent vivement d': « écrire son livre clairement dans le style 'science-fiction' et d'y inclure des inexactitudes de sorte qu'il ne puisse être utilisé sous l'angle d'une irréfutable logique. Tu dois laisser les gens libre de croire ou non. Si quelqu'un te demande si cela s'est bien passé, tu dois le nier et dire que c'est de l'imagination pure. Les gens auxquels ce livre est destiné se diront : 'au fond, peu m'importe que cela se soit réellement produit ou non, pour moi c'est vrai. Cela a changé ma façon de voir les choses et je vis maintenant en conscience. Je connais le sens de la vie. (...) Ne cherche pas à convaincre. Ta tâche est de publier cette information, rien de plus »[21] Il n'est donc pas surprenant qu'Adamski écrivit dix ans auparavant : «Tout ce qu'ils m'ont demandé est de communiquer leurs connaissances à mes camarades, à qui que ce soit et où que ce soit. Cela je le ferai, en laissant à chacun le privilège de croire ou de ne pas croire, de bénéficier d'une connaissance supérieure, ou de l'écarter par dérision ou scepticisme.»[22]

Wilbert Smith, lui-même un chercheur sur les ovnis et un contacté a dit : « Il y a une loi cosmique contre l'interférence avec les affaires des autres. Ils ne sont donc pas autorisés à nous aider directement, alors même que ce serait facile pour eux. Nous devons faire nos propres choix avec notre libre-arbitre. Les tendances actuelles tendent vers une série d'événements qui pourraient réclamer leur aide. Ils se tiennent prêts et désireux de l'apporter. En fait, ils nous ont déjà beaucoup aidé, selon une ligne de conduite qui n'interfèrent pas avec notre liberté de choisir.»[23]

La ligne qui délimite l'aide et l'interférence est très fragile. Elle est parfois difficile à discerner. C'est toutefois un indicateur de progrès individuel et collectif de voir comment on peut être guidé par ce principe. (...) Il y a une loi fondamentale de l'univers qui accorde le droit à chacun à l'indépendance et à la liberté de choix. De cette façon, chacun peut faire ses expériences et en tirer des leçons. Personne n'a le droit d'interférer dans les affaires d'autrui. En fait, nos Dix Commandements sont des directives contre l'ingérence. En ignorant cette loi, on en subit les conséquences, et en considérant l'état déplorable de ce monde, il y a peu à penser que la cause réside dans la violation de ce principe.»[24] Que les visiteurs de l'espace prennent sérieusement cette loi comme principe directeur explique aussi pourquoi ils gardent profil bas au point de vivre et travailler parmi nous sans se faire remarquer. Par exemple, les visiteurs qui ont contacté Georges Adamski lui ont dit: « nous vivons et travaillons ici, car, comme tu le sais, il est nécessaire sur Terre de gagner de l'argent pour acheter des vêtements, de la nourriture et tout ce dont on a besoin pour vivre. Cela fait plusieurs années que nous vivons sur votre planète.»

Son contact Firkon expliqua : « Au travail et pendant nos loisirs nous nous mélangeons avec les gens de la Terre, sans jamais trahir le secret que nous sommes des habitants d'un autre monde. Ce serait dangereux, comme tu le sais. Nous vous comprenons mieux que vous-mêmes et voyons clairement les raisons des conditions malheureuses qui vous entourent.»

«Nous sommes conscients que tu as toi-même dû faire face au ridicule et à la critique en persistant à proclamer la réalité de la vie sur les autres planètes, que vos scientifiques disent ne pouvoir accueillir la vie. Tu imagines donc aisément ce qui se passerait si nous allions jusqu'à sous-entendre que nos maisons sont sur d'autres planètes ! Si nous affirmions la simple vérité que nous sommes venus sur Terre pour travailler et apprendre, tout comme certains d'entre vous vont dans d'autres pays pour vivre et étudier, nous serions traités de fous.»

«Nous sommes autorisés à rendre de brèves visites sur nos planètes d'origine. Tout comme vous souhaitez vous-même voir du pays ou retrouver de vieux amis. Il en est ainsi pour nous aussi. Bien sûr, cela s'organise durant les périodes de vacances ou pendant les week-end, de façon à ce que nous ne manquions pas à nos associés sur Terre.»[25]

Les contacts d'Howard Menger ont confirmé ceci : « [U]n grand nombre de nos gens vivent parmi vous, se mélangeant avec vous, observant et aidant quand ils le peuvent. Il se trouvent à tous les niveaux de la société - dans les usines, les bureaux, les banques. Certains d'entre eux sont des responsables au sein des communautés, ou des gouvernements. D'autres sont des femmes de ménages ou des ramasseurs de poubelles.»[26] Cependant, comme Benjamin Creme l'explique, si un visiteur de l'espace « se révélait comme un travailleur des Frères de l'Espace, il vous apparaîtrait comme un homme ordinaire. Vous ne pourriez pas dire s'il est ou non d'une autre planète.»[27]

De façon à rester discret, ils demandent de temps en temps de l'aide à leurs contactés, comme Menger le décrit : « je me suis trouvé à devoir les aider pour des petites choses matérielles que j'appréciais tout autant de faire que la période d'instruction. Souvent j'achetais des vêtements pour les amener au point de contact. Les visiteurs qui venaient juste d'arriver avaient besoin de s'habiller en Terriens pour passer inaperçu.»[28] Cependant, « [I]ls ne me demandaient jamais de papiers d'identités pour eux, ni de trouver un travail. Il semble qu'ils savaient s'en occuper eux-mêmes après une période d'acclimatation et d'adaptation à nos usages. Une fois habillés et habitués à notre mode de vie, ils étaient indépendants et ne rencontraient pas de difficultés.» [29]

Georges Adamski, explique: «souvenons-nous que voyager dans l'espace n'est pas nouveau pour nos voisins. Il sont venus chez nous pendant des siècles. Ainsi, les liens familiaux et amicaux sont bien établis... Ayez à l'esprit que les papiers d'identités sont une nécessité apparue récemment, particulièrement aux USA... Nous avons connu beaucoup d'embarras avec les papiers d'identités mais la plupart d'entre eux ne sont pas difficiles à obtenir.» [30] Comme documenté dans *Ici pour Aider, les Ovnis et les Gens de l'espace*, des récits très similaires figurent dans le Dossier Amitié. Des contacts qui impliquent une centaine d'Italiens à partir de 1956. [31]

Un autre contacté américain, Buck Nelson, sut que de nombreux visiteurs de l'espace sont parmi nous: « les gens avec qui j'ai parlé parlaient très bien Anglais. Il semble qu'ils apprennent les langues de ceux qu'ils contactent. Ils m'ont dit qu'ils étaient très nombreux parmi nous. Ils ont même embarqué des officiels du gouvernement dans leurs vaisseaux, mais ils ont peur d'en parler car ils ont trop à perdre. Je n'ai pas de famille qui souffrirait de ce qui pourrait m'arriver.»[32] En violation flagrante avec la liberté de pensée à laquelle les visiteurs de l'espace adhère strictement, et faisant écho à Georges Adamski, le journaliste Italien Bruno Ghibaudi et bien d'autres contactés [33], M. Nelson signifia que : « je ne peux pas dire que j'ai été menacé, mais on m'a proposé un chèque de plusieurs milliers de dollars si je ne parlais plus de mon histoire.» [34]

Les gens de l'espace ont toujours eu bien conscience de l'opposition rencontrée par ceux qu'ils contactent. Comme Ramu, le contact d'Adamski lui disait : « tu n'es ni le premier, ni le seul homme de ce monde à qui nous avons parlé. Il y a de nombreuses personnes dans maints endroits de la Terre vers qui nous sommes venus. Certains de ceux qui ont eu l'audace de parler de leurs expériences ont été persécutés - quelques uns jusqu'à ce que vous appelez la 'mort'. En conséquence, beaucoup sont restés silencieux.»[35]

En 1970, le Dr James McDonald, qui a critiqué le gouvernement américain de ne pas prendre en compte sérieusement les études sur les ovnis. en devînt un exemple tragique. Suite à une audition devant le Congrès où il présentait des preuves des dommages potentiels des vols supersoniques sur la couche d'ozone, il fut profondément humilié par le sénateur du district qui construisait l'avion. Ce dernier mis sa crédibilité en cause en déclarant « le Dr McDonald croît aux 'petits hommes verts'». Son engagement pour une approche scientifique au sujet des ovnis lui avait déjà valu des problèmes conjugaux. Suite à cette humiliation publique sa femme demanda le divorce, il décida malheureusement de mettre fin à ses jours.»[36]

Ainsi, tandis que les autorités terriennes font tout ce qui est en leur pouvoir pour empêcher le grand public de connaître la réalité des visiteurs extraterrestres, les gens de l'espace ont toujours été extrêmement précautionneux pour ne pas imposer la réalité de leur présence à nos mentalités non préparées. Cependant, ils sont loin d'être timides pour signifier leur présence, allant jusqu'à se manifester sur les caméras en direct. La section suivante donne quelques exemples d'observations par les médias ou autres manifestations professionnelles.

Le 17 Juillet 2014, une équipe de Castanet était en train de filmer un reportage sur les incendies à Smith Creek dans le West Kelowna au Canada. Pendant qu'ils interviewaient le chef local des pompiers, le film montrait un avion qui larguait une cargaison de produit retardant sur la forêt en feu. De derrière un nuage sur la montagne, un objet circulaire brillant passait dans une zone de ciel bleu à grande vitesse. Dans son reportage en ligne, Castanet cite , au sujet de cette observation, que les chasseurs d'ovnis ont signalé 32 cas d'ovnis depuis 2008 de Keremeos en Colombie Britannique, à Salmon Arm, CB, près de la frontière américaine, 221 km au Nord.[37]

Le matin du 10 Février 2015, une équipe de production d'un show d'échec au crime Péruvien était en tournage à Miraflores, dans le district de la capitale Lima. Le show accueillait Renzo Reggiardo, membre du Congrès. Le site Web *Peru This Week* écrit : «Reggiardo était en tournage pour son émission *Alto al Crimen*, quand le caméraman fut distrait par un objet flottant dans le ciel distant. Ils arrêtèrent le tournage quelques instants pour prendre du mieux possible en images l'objet flottant. Il y eut d'autres témoins et un membre de l'équipe de production transféra la vidéo de l'objet sur YouTube.[38]

En Avril 2014, une équipe australienne était en tournée en Nouvelle Zélande pour interviewer des artistes pour l'émission sur l'art *Colour in your Life* sur *Channel 74*. Le 3 Avril, ils étaient à Queenstown, dans l'île Sud, en train de filmer la séquence du début. Un mois plus tard, au montage, le présentateur de l'émission Graeme Stevenson remarqua deux ovnis au-dessus d'une zone boisée, en arrière plan, traversant le ciel à vive allure. Personne ne les avait remarqués durant le tournage à cause de la grande distance parcourue à la seconde. [39]

Ce sont là quelques exemples pris au hasard d'observations faites autour du monde lors de reportages ou tournages d'émissions. Leurs auteurs sont stupéfaits, quelquefois après les faits, tout comme les témoins oculaires de lumières surnaturelles pour de réels vaisseaux dans le ciel. Des rapports similaires sont pratiquement publiés toutes les semaines. Ils existent bien sûr inévitablement, des canulars ou des coups de pubs. Les détracteurs en profitent pour s'en servir comme preuves qu'aucune observation ne peut être prise au sérieux. Il y a eu par exemple l'opération marketing au-dessus du Stadium Nat Bailey de Vancouver au Canada, le 9 Septembre 2013[40] et aussi le journal en direct de la chaîne d'infos Argentine *Todo Noticias* du 28 Février 2015, qui mit en émoi le monde de l'internet, mais qui s'avéra être un trucage quand la chaîne publia le film original sur son site web. [41] Néanmoins, à la lumière des exemples précédents, ces cas de canulars prouvent d'une certaine manière la réalité de la présence extraterrestre puisqu'il en est qui ressentent le besoin de produire des contrefaçons pour prouver le contraire.

Une observation qui rendrait perplexe les détracteurs et les auteurs de canulars de nos jours est celle de l'Aéroport de Chicago O' Hare Porte C17 en Novembre 2006. Le premier article figura dans le journal

Le 23 Août 2011 Wang Xin Wen, la CEO d'un site d'achat en ligne bien connu, a pris quelques photos depuis le Bund, sur le front de mer de Shanghai, Chine. Sur l'une de ses photographies, un grand ovni apparaît à droite de la célèbre tour de la Télévision. Elle publia ces deux photographies sur le site web de blogg chinois Sina Weibo.

Chicago Tribune du 1er Janvier 2007. [42] Sans aucun doute, le passage le plus mémorable du récit est l'échange informel entre Jon Hilkevitch de la *Tribune* qui écrivit l'article et l'hôte de la chaine d'infos câblée régionale *CLTV* quand ils se préparèrent à l'interview. L'échange, qui est disponible sur YouTube, montre les deux hommes partageant leur excitation devant les preuves mises en avant par des déclarations de témoins oculaires, du personnel de l'aéroport et des pilotes.[43]

De même, en Chine en 2010, plusieurs observations d'ovnis qui furent photographiés par différentes personnes firent la une des journaux. Certaines entraînèrent la fermeture des aéroports comme à Hangzhou, au sud-est de Shanghai, le 7 Juillet de cette année et à Chongqing, à 1700 km à l'ouest de Shanghai, le 15 juillet.[44] Le 20 Août 2011, à 21 heures, le pilote du vol 6554 de la China Southern Airlines de Guangzhou à Shanghai observa un énorme vaisseau. Quand il signala la situation aux contrôleurs aériens, on lui répondit qu'ils avaient déjà reçu au moins dix autres signalements des autres pilotes. Cette observation, qui fut simultanée, entre Shanghai et Beijing a été photographiée comme un nuage blanc, rond et en expansion.[45]

Récemment, les vaisseaux ET n'ont pas eu peur de se montrer lors d'événements télévisuels de grande audience. Quand la chaîne US NBC était en reportage lors de l'évacuation du stade de l'Université Notre-Dame, le 3 septembre 2011, pour cause d'événements climatiques sévères au point d'interrompre le match entre l'équipe locale des Fighting Irish contre les South Florida Bulls, une des caméras filmait le ciel lorsque plusieurs objets brillants firent leur apparition depuis un énorme et inquiétant nuage dont des éclairs venaient de s'échapper.[46]

Des observations lors d'événements sportifs ont été signalées dés 1954. Les spectateurs du Stade Artemi Franchi à Florence s'exclamèrent non à cause du jeu mais devant le passage de plusieurs objets dans le ciel, obligeant l'arbitre à interrompre le match.[47] Tout comme les autres observations, la présence de spectateurs 'd'outre-monde', semble être à la hausse. Par exemple: vers la fin de la cérémonie d'ouverture des Jeux Olympiques de Londres, au moment du feu d'artifice à 00:30, le 27 Juillet 2012,[48] au Stade Weser de Brème, en Allemagne le

Ovni photographié au-dessus de Maha Kumbh Mela à Allahabad, Inde le 9 Février 2013. (Photo: © Simona Bocchi) .

6 Janvier 2014 [49] et au stade Nuevo Gasometro à Bajo Flores en Argentine le 9 Avril[50]. (Il est intéressant de noter que le Stade Olympique de Londres connut une apparition d'ovni lors de sa construction en Mai 2009, comme l'indique le site web de la BBC Londres.[51])

Un autre événement de grande audience concerne le discours de campagne du candidat à la présidentielle démocrate Barack Obama, à Pueblo, au Colorado le 1er Novembre 2008, trois jours avant son élection. L'ovni fut repéré par une personne qui vit l'enregistrement du discours par MSNBC. Le 20 janvier 2009, trente minutes après l'inauguration de l'élection du Président Obama, à Washington DC, une caméra de CNN filmait la foule qui s'était rassemblé pour l'événement, lorsqu' un objet ressemblant à un disque vola près du Washington Monument et passa au-dessus de la foule jusqu'à disparaître au loin.[52]

Un événement de masse auquel assista un ovni en 2013 fut le Maha Kumbh Mela, le plus grand rassemblement Hindou, qui se tient tous les 3 ans dans une des villes sur quatre de l'Inde. Du 14 Février 2010 au 10 Mars 2013, on estime que 100 millions de personnes se rendent au *sangam* (confluence) entre le fleuve sacré du Ganges et la rivière Yamuna à Allahabad pour un bain rituel. Le 9 Février, il y avait 8 millions de personnes sur les berges du Gange. Simona Bocchi, une artiste Italienne renommée vivant en Inde, était à Allahabad. Elle prit des photos du ciel au-dessus de la confluence. Au tirage des photos, l'une d'entre elles révéla un vaisseau spatial qui n'était pas visible à l'œil nu. Mme Bocchi pensait depuis longtemps que la vie extraterrestre existe et avait pu observer des ovnis ces dernières années, ce qu'elle représente parfois dans son art.

A travers son contact télépathique et son travail avec un Maître de Sagesse, un des Frères Aînés de l'Humanité, qui consiste à dire qu'ils reviennent dans nos vies de tous les jours en ce moment pour garantir la transition vers un nouvel age de justice et de liberté pour tous, Benjamin Creme confirme régulièrement des observations de vaisseaux extraterrestres dans la revue *Partage International*. Il en est le Rédacteur en Chef et donne souvent la provenance du vaisseau observé. Dans le cas de la photo de Mme Bocchi, le Maître de Benjamin Creme donna des précisions supplémentaires : « les occupants des ovnis photographiaient la Mela. Les gens de Mars sont très intéressés par ce qui se passe sur Terre. Tous ne voyagent pas dans l'espace. Cependant, certains d'entre eux ont eu l'opportunité de faire cette excursion» [53]

Nombreuses sont les personnes peu familières avec ce type de rapport télépathique entre un Maître de Sagesse et un de ses disciples qui travaille ouvertement dans le monde. L'idée d'un tourisme interplanétaire peut donc sembler farfelue. Mais, pour qui est familier des expériences des premiers contactés, cette notion n'est pas du tout inhabituelle. Par exemple, Kalna, une des hôtes de Vénus, expliqua à Adamski : « De nombreux vaisseaux semblables ont été construits sur Vénus, mais aussi sur Mars et Saturne et bien d'autres planètes. Toutefois, ils ne sont pas conçus pour un usage exclusif pour une planète particulière. Leur but est de contribuer à l'éducation et au plaisir de tous les citoyens de la fraternité de l'Univers. Les gens sont naturellement de grands explorateurs. Ainsi, voyager dans notre monde n'est pas le privilège de quelques uns, mais de tous. Tous les trois ou quatre mois, des habitants de notre planète embarquent sur ces vaisseaux gigantesques et sillonnent l'espace, faisant escale sur les autres planètes tout comme vos paquebots de croisières le font. De cette façon, notre peuple découvre l'Univers majestueux et peut se rendre compte un petit peu plus et de visu des 'nombreuses demeures' dans la maison du Père auxquelles votre Bible se réfère.» [54]

En réponse à une question posée à Adamski, il ajouta plus tard : « En soi, l'homme est un voyageur. Il aime visiter de nouveaux endroits, voir de nouveaux sites, et rencontrer de nouvelles personnes. Ceux qui ont la chance dans notre monde de passer des mois et des années dans d'autres pays pour apprendre leur langue, leurs modes de vie et d'accueillir de nouvelles idées des gens avec qui ils sont en contact, acquièrent plus de connaissances de cette seule manière. (...) Il est regrettable que notre système monétaire rende impossible à la vaste majorité des gens de la Terre de profiter de long voyages.»[55] Cependant, sur les autres planètes, selon les contacts de Stefan Denaerde, « nous n'avons pas d'argent, mais chacun peut aller en vacances de cette façon, s'il le souhaite». [56]

Adamski ajouta qu'il serait un jour possible pour les terriens d'être emmenés à bord des vaisseaux pour séjourner en vacances sur une autre planète pour apprendre leur mode de vie. « Je crois que le temps viendra où les excursions comme celles-ci seront plus qu'une possibilité. Cependant, aussi longtemps que nous serons hostiles à ceux qui viennent de l'espace, ou que nous continurons à ressentir une peur intense à l'approche de leurs vaisseaux, de tels voyages de vacances ne seront pas possibles.»[57]

Plusieurs contactés ont dit à quel point ils appréciaient la beauté de notre planète. Lors de leur première rencontre avec Raphaël (ou Ramu selon le nom donné par Adamski), il dit au contacté Italien Giorgio Dibitonto : « Que votre monde est beau ! Votre Terre est une des plus belle dans le Cosmos. Mais, malgré cela, elle est en danger, à cause de l'orgueil et l'égoïsme de ceux qui prennent le risque de destructions dans des proportions inimaginables. Depuis le commencement, nous nous efforçons de vous apporter de l'aide, d'empêcher les catastrophes que vous mettez en œuvre sur Terre, et de vous influencer dans vos actions à faire le bien. Cependant, nous ne pouvons le faire que d'une manière qui vous laisse une liberté complète dans vos développements. Il n'existe pas chez nous le moindre désir d'utiliser la force envers d'autres peuples.»[58] Lors d'une rencontre suivante, Raphaël parla de la Terre comme : « une des plus belles demeures dans le royaume universel du Père»[59] De même, on dit au contacté Stefan Denaerde: «C'est la planète bleue à la lumière aveuglante, la maison de la race gracieuse aux longues jambes. C'est une des plus belle planètes que nous connaissons...»[60]

Des événements moins formels de nature politique, mais peut-être plus significatifs sur les changements nécessaires au niveau mondial aujourd'hui, sont aussi l'objet de l'attention des visiteurs de l'espace. A la fin de la marche à Berlin, en Allemagne le 12 Novembre 2012, un ovni fut observé au-dessus de la Porte de Brandebourg par des manifestants, au moment où un discours, sur scène, allait être donné à la foule.[61] Durant les protestations de masse au Brésil en Juin 2013, un ovni fut filmé au-dessus de la foule dans le quartier de Largo da Batata à Sao Paulo, sous la forme d'une boule de lumière étincelante. Les manifestations furent déclenchées en Avril de cette année contre l'augmentation des prix des transports publics dans certaines villes brésiliennes. Elles

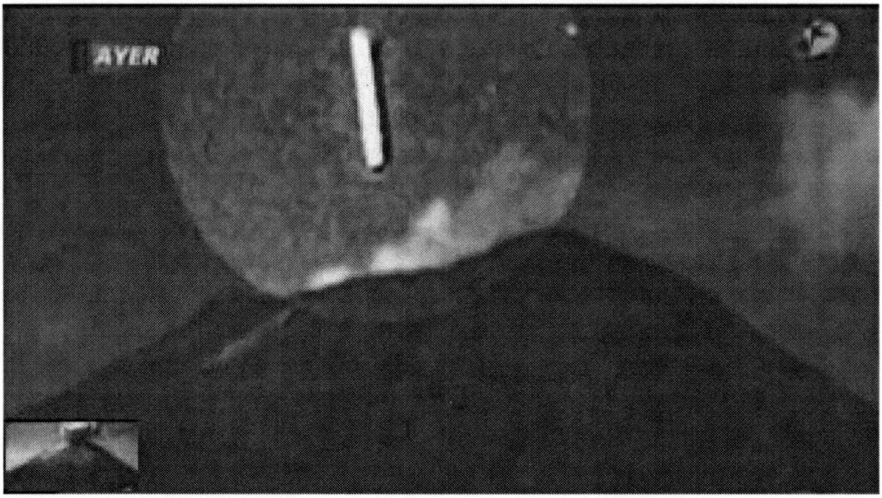

Objets de forme cylindrique en vol plongeant dans le cratère du Mont Popocatépetl, au Mexique le 25 Octobre 2012 (ci-dessus) et photographié sur la surface de Mars le 28 Avril 2014 (ci-dessous).

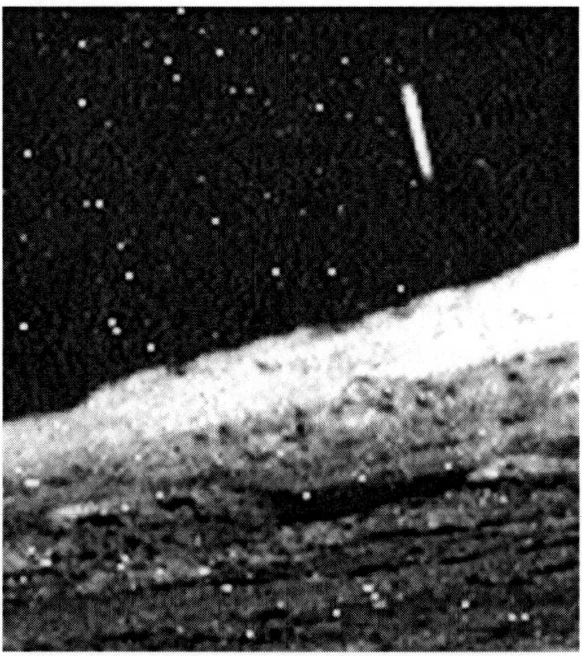

s'étendirent à d'autres causes sociales au fil du temps. L'ovni qui a été vu le 17 Juin, comme relaté par l'*International Business Times* du 20 Juin, fut redéfini par beaucoup en drone, comme les détracteurs en ont l'habitude, et ce malgré que les sites d'ovnis aient mis en comparaison des vidéos de drones parfaitement reconnaissables.» [62]

Dans un commentaire sur les manifestations brésiliennes, le rédacteur en chef de *Collective Evolution*, Arjun Walia écrit: «C'est quelque chose que la planète Terre n'a jamais connu auparavant. Les gens s'éveillent et se lèvent contre ce avec quoi ils ne sont pas en accord sur une grande échelle. En ce moment, les manifestations de masse se produisent au Brésil, pour ne citer qu'un pays. Les gens se rassemblent, un point c'est tout.»

«Au final, la direction à prendre est de notre choix. Aller de l'avant, grandir et prospérer dans un monde d'amour, de paix, de co-opération, et de compréhension, ou pas. Si nous choisissons la première option, peut-être que nous continuerons à attirer des amis en 'haut lieu' qui ressentent la même chose... Nous ne sommes pas seuls. Peut-être que d'autres ailleurs souhaitent nous voir changer de monde et vivre dans un monde plus harmonieux les uns envers les autres, la planète et tous les êtres vivants qui y résident.»

«Le phénomène ovni [...] semble coïncider avec cet éveil de masse qui prend place. Les récits d'observations d'ovnis continuent d'augmenter exponentiellement chaque mois à mesure que la conscience de l'humanité s'agrandit et croît»[63]

Quand Vincent Smith de Blantyre, en Ecosse regardait le direct de la BBC sur les manifestations à Hong-Kong le 30 Septembre 2014, il constata soudainement la présence d'un objet brillant tirant vers le vert traversant le ciel au loin. L'objet survola les bâtiments de gauche à droite et descendit lentement au-dessus d'un bâtiment à droite pour ensuite repartir à la verticale. Encore une fois, les détracteurs ne perdirent pas une minute pour expliquer qu'il s'agissait d'un drone, mais la lumière émise et la vitesse ascensionnelle de l'objet exigerait un drone d'une technologie qui n'est pas Terrestre.[64]

Même si quelques observations sont celles de drones, il y a de nombreuses observations qui ne peuvent être expliquées si facilement,

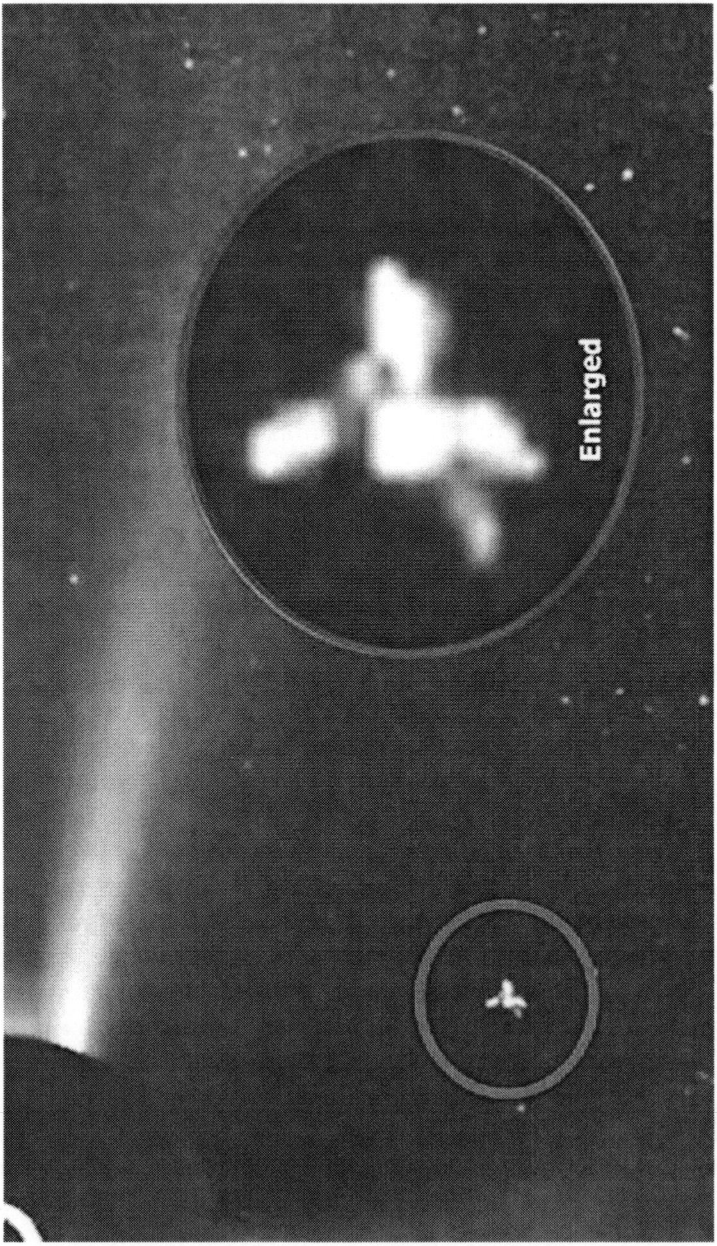

Gigantesque structure photographiée près du soleil par l' Observatoire Solaire et Héliosphérique (SOHO), le 1er Mars 2015.

comme l'ovni cylindrique d'1 km de long qui entra dans la bouche du cratère du Mont Popocatépetl, un volcan actif du sud-est de la ville de Mexico. La vidéo fut capturée par une caméra fixe de Televisa, une chaîne de TV majeure au Mexique, suite à une soudaine explosion le 25 Novembre 2012.[65] Un autre ovni fut filmé par cette même caméra le 30 Mai 2013 et un autre encore détruisant un météorite au-dessus de la Russie, le 15 Février 2013.[66]

Ceux qui sont intéressés par le phénomène ovni doivent savoir que les observations ne se limitent pas à la Terre. Tandis que des observations inhabituelles de ou autour de la Station Spatiale Internationale[67] peuvent être attribuées, ou sont écartées comme des artefacts ou des débris spatiaux[68], cette explication ne tient pas debout au sujet du vaisseau cylindrique photographié sur Mars le 28 Avril 2014 par le rover Curiosity[69]. Il est de forme semblable à celui entrant dans le Popocatépetl en Octobre 2012. D'autres récentes observations au-delà de la Terre concernent un objet volant qui apparait sur une photographie prise le 14 Juillet 2014[70], des lumières brillantes sur Mars le 3 Avril 2014[71] et sur Céres, le plus grand objet dans la ceinture d'astéroïdes entre Mars et Jupiter, le 19 Février 2015[72], et une énorme structure photographiée près du Soleil par l'Observatoire Solaire et Héliosphérique (SOHO) le 1er Mars 2015.[73]

Tout comme les déclarations des officiels au sujet de la divulgation de la présence extraterrestre sur Terre, ce chapitre relate environ deux douzaines d'observations, qui laissent peu de doute sur leur authenticité, par les médias et autres professionnels sur une durée de quelques années seulement. On peut se demander jusqu'à quand les médias, dans leur ensemble, maintiendraient-ils leurs marques de dédain, s'ils prenaient la peine de voir les 'news' avec une vision élargie, qu'ils négligent dans leur course quotidienne aux gros titres ?

Les lecteurs qui comprennent comment nos pensées, nos émotions, et nos vies quotidiennes sont interconnectées y verront une relation de réciprocité. Tant qu'individuellement, nous sommes toujours sur le point de courir après la prochaine distraction, pour l'acclamer ou la dénigrer, sans même prendre le temps d'examiner les détails ou même

Des lumières brillantes furent photographiées sur Mars le 3 Avril 2014 par le rover Curiosity (ci-dessus), et sur Cérès, le plus grand objet dans la ceinture d'astéroïdes entre Mars et Jupiter le 19 Février 2015 (ci-dessous) et le 6 Juin 2015 (en médaillon) par la sonde spatiale Dawn. (Photographies: NASA)

d'en savourer l'expérience, nous ne nous donnons pas l'occasion d'élargir notre vision sur la base des faits et des observations authentiques. Si l'on considère les médias comme un amplificateur de nos désirs et de nos intérêts, ils nous renvoient la satisfaction immédiate que nous en attendons. Si nous sommes nous mêmes trop distraits pour ne voir que les arbres qui cachent la forêt, nous ne pouvons accuser uniquement les médias de nous offrir de nous divertir plutôt que d'aborder des sujets fondamentaux.

En tout cas, il devrait être clair maintenant que l'idée 'qu'ils' ne se montrent pas n'est pas vraie, bien au contraire. Il est donc inévitable de conclure qu'ils se montrent, non seulement tout autour de la Terre mais aussi dans le système solaire , et qu'ils cherchent à attirer notre attention. Comme toujours, ils le font, cependant, sans enfreindre notre liberté de pensée et en respectant notre droit à nier l'évidence.

Addendum: «De la bouche des enfants...»

Dans son livre *Le Rassemblement des Forces de Lumière* (2010), Benjamin Creme dit à propos des contactés tournés en ridicule: « Nous ridiculisons ceux qui disent la vérité [sur la présence ET], même lorsque nous la reconnaissons comme telle. Nous sommes enclins à rejeter la vérité car elle implique un changement en nous-mêmes, dans notre façon de penser, de ressentir, d'agir et de réagir. Elle engendre une réelle transformation psychologique, ainsi elle est difficile à accepter. Il est donc plus facile de la nier que de l'affirmer.»[74]

Cette raillerie, en fait la peur d'être ridiculisé, est si répandue, que nous renions ce que nous voyons de nos propres yeux. Dans ce livre, M. Creme en décrit une expérience étonnante lorsqu'il était avec son épouse dans le nord du pays de Galles avec un ami. Il lui dit qu'il aimerait voir une soucoupe volante. Creme lui demanda : « y croirais-tu si tu en voyais une ?». Son ami lui répondit : «Oui, j'y croirais. Si j'en voyais une de mes propres yeux, j'y croirais.» Soudain, une apparition spectaculaire se produisit dans la seconde qui suivit. L'ami s'écria : « j'ai vu une soucoupe volante ! j'ai vu une soucoupe volante ! Bien, Benjamin a dit que c'était une soucoupe. Mais cela ne peut être cela. Cela ne peut absolument pas être cela. Non.» [75] Telle est la puissance du conditionnement auquel nous acceptons nous mêmes de nous soumettre.

Les enfants, au contraire, ne sont pas conditionnés par ce qui est considéré comme 'acceptable' ou non. Ils sont plus ouverts à l'inhabituel, même après les années 'magiques' de la prime enfance. Ainsi, lorsqu'une fillette revint à la maison en disant qu'elle avait vu un ovni, on lui dit de ne pas en parler et que c'était le fruit de son imagination. Sauf qu'ils étaient 62 (!) enfants de l'école Ariel à Ruwa, au Zimbabwé, à être témoins de l'observation. Elle se déroula aux abords immédiats de la cour de récréation le 16 Septembre 1994.[76] Peu de temps après l'événement, plusieurs enfants entre 6 et 12 ans furent interviewés par l'ufologue Zimbabwéenne Cynthia Hind et le reporter de la BBC Tim Leach. Ils constatèrent que malgré des différences dans le récit des enfants sur la description du vaisseau, ils étaient remarquablement concordants. Le personnel fut donc convaincu que les élèves avaient bien été témoins de quelque chose de très inhabituel.

Les quelques enfants les plus proches de la zone d'atterrissage témoignèrent avoir vu des êtres d'1 mètre de haut avec de grosses têtes et portant des tuniques d'une pièce brillantes.[77] Certains furent effrayés de la façon dont les êtres de ce vaisseau les regardaient. Quand le professeur de psychologie d'Harvard John Mack interrogea certains des enfants quelques mois plus tard, il leur demanda : « Pour quelle raison cherchaient-ils à vous effrayer selon vous ?» une des fillettes répondit : « Peut-être est-ce parce que nous ne prenons pas soin de la planète et de l'air correctement».[78] En fait, plusieurs élèves 'ressentirent' qu'ils étaient là pour nous prévenir des dangers de la pollution. Dans une interview, sur la TV Hollandaise par la fameuse présentatrice Tineke de Nooij, plusieurs enfants dirent qu'ils se sentaient privilégiés d'avoir été les témoins d'une visite ET. Une des élèves dit qu'« elle pensait qu'ils souhaitent que les gens sachent que nous faisons du mal à notre planète et que nous ne devrions pas trop nous 'technologiser' » [79]

Les rapports parus dans *Flying Saucer Review* remontant aux années 50, et particulièrement dans la revue *UFO AfriNews* éditée par Cynthia Hind, de 1988 à son décès en 2000, montrent que beaucoup d'autres observations se sont déroulées sur le continent Africain. Le reste du monde en a été peu informé, du fait que la majorité des investigateurs sont basés ailleurs et ne s'intéressent qu'aux observations ou canulars dans leur propre pays ou continent. Toutefois, j'ai eu la chance de recevoir le témoignage, d'un des témoins oculaires, d'une autre observation de masse en Afrique à Kaduna au Nigéria.

En Octobre 1984, Joseph Unazi revenait chez lui avec un groupe de 8 à 12 amis pour dîner, du terrain de jeu où ils avaient l'habitude de jouer au foot ou au vélo BMX. Les enfants et leurs familles habitaient le Campus de la police de Kaduna, où le père de Joseph travaillait comme officier de police et comme conférencier. Kaduna est la capitale de l'état de Kaduna. Le campus s'étend en plein centre-ville.

A environ 500 mètres de sa maison, il était aux alentours de 18 heures, au couchant du soleil, quand les garçons et les adultes aux alentours remarquèrent un mouvement inhabituel au niveau des grands arbres qui suivent la route, accompagné d'un grand bruit strident. Les feuilles des arbres furent secouées et une brise fraîche effleura le visage de chacun. Tout le monde dans la rue observa avec étonnement un large vaisseau avec des lumières qui brillaient en-dessous, qui descendait en spirale. Les lumières étaient si puissantes que les gens devaient se protéger les yeux avec leurs mains. Le vaisseau tournoyait entre les arbres dans sa descente pour survoler la rue. Les chiens, les poulets, les chèvres et les cochons du voisinage couraient dans tous les sens dans un grand chahut. Selon M. Unazi, le vaisseau avait une forme de cloche d'environ 10 mètres de diamètres. Le vaisseau continua sa descente après une petite pause avant de reprendre de la vitesse de manière incroyable. « On en peut pas dire que nous l'ayons vu accélérer. Il a tout simplement disparu.»

Situé dans le Nord du Nigéria, Kaduna, ainsi que le voisinage de Jos, étaient la résidence préférée des expatriés occidentaux. Ainsi, les personnes vivant ici connaissaient les avions, les hélicoptères de police, les planeurs et autres engins téléguidés, de même que les montgolfières. En bref, Joseph et ses amis n'ignoraient rien de tous ce qui peut voler dans le ciel. C'est pourquoi lui et les autres savaient fort bien que ce qu'ils avaient vu n'était pas d'origine terrestre.

Se remémorant cette journée, M. Unazi, un ancien journaliste qui vit maintenant aux Pays-Bas, est toujours visiblement très ému par ce que lui et beaucoup d'autres ont vécu. Il dit qu'il fut si impressionné qu'il ne pouvait s'empêcher de poser continuellement des questions à sa mère. Sa famille venait de quitter des vieux bâtiments coloniaux avec leur cheminée caractéristique pour emménager dans un tout nouveau complexe, un an auparavant. Dans ce nouveau bâtiment, la famille Unazi avait deux chambres à coucher, qui donnait sur une cour ouverte entre les pièces de vie, la cuisine, la salle de bain et les toilettes.

Victoria, la mère de Joseph, était affairée dans la cour ouverte et elle fut témoin du vaisseau lors du flash qui précéda son décollage à travers le sommet des arbres. Ainsi, il demanda à sa mère ce qu'était ce qu'il avait vu. Sa mère lui répliqua : «en occident ils appellent cela un ovni, un objet volant non-identifié.» Il n'a jamais oublié depuis ce jour, la signification de cette acronyme, puisque sa mère lui expliqua qu'il y avait d'autres planètes dans la galaxie. Le jour suivant, Joseph parla à un de ses copains qui lui dit que sa mère, une personne bien éduquée car officier de police de haut-rang, lui avait dit la même chose.

Des années après, quand M. Unazi raconta son observation à ses amis adultes et s'ils ne voulaient pas le croire, ses parents confirmaient sans réserve que l'événement s'était bien produit. Il n'est donc pas surprenant que M. Joseph Unazi dit, en prenant connaissance des témoignages de l'école Ruwa au Zimbabwé: « Je sais que les enfants de Ruwa disent la vérité.»[80]

Les événements de Ruwa et Kaduna ne sont pas certainement pas les seules premières observations de vaisseaux ou d'êtres extraterrestres par des enfants. Le 6 Avril 1966, des centaines d'enfants et d'enseignants de l'École Supérieure de Weshall, ainsi que les résidents de la banlieue de Westall à Melbourne, en Australie, virent un ovni au-dessus d'eux pendant plusieurs minutes avant qu'il ne décolle à une vitesse incroyable. Tandis que l'incident a attiré l'attention du réseau télévisuel Channel 9 et du journal local, un documentaire de 2010 montre que les étudiants n'ont pas seulement été mis en doute par de nombreux adultes, mais ont été aussi réduit au silence par les autorités. Le directeur a affirmé aux étudiants qu'ils n'avaient rien vu et qu'ils ne devaient rien dire à personne...qu'en fait, rien ne s'était passé.»[81]

De même, en 1966, début Mars, deux enfants de Carson City, au Michigan, furent témoins d'un atterrissage d'ovni dans un petit champ fermé en bordure de la ville. Alors âgée de 7 ans, le témoin, qui signala l'observation au 'Mutual UFO network', déclara qu'elle et son cousin virent un objet en forme de disque, qui montait en zigzag à partir d'un endroit où étaient éparpillées des pièces de métal. Quand la mère se rendit sur place, elle constata une zone aplatie et brûlée à l'endroit où la première observation eut lieu.[82] Le 29 Août 1967, François et Anne-Marie Delpeuch, âgés de 13 et 9 ans, étaient à l'extérieur avec leur chien dans un champ près du village de Cussac, en France, quand ils virent ce qui semblait être quatre enfants et une grande sphère derrière une haie, à une quarantaine de mètres. La sphère faisait deux mètres de diamètre et était brillante à en abîmer les yeux. Quand François demanda aux 'enfants' s'ils voulaient jouer avec lui et sa sœur, ils cessèrent leur occupation et se précipitèrent à bord de la sphère pour décoller. Selon les enfants, les petits êtres faisaient 1 mètre à 1,2 mètre et étaient habillés en tenue serrée noire et brillante.[83]

Par rapport aux témoins de Westfall, les enfants dans les deux derniers cas eurent la chance d'être pris au sérieux. Les médias et des investigateurs vinrent visiter les endroits pour enquêter sur l'histoire. Après avoir lu mon livre précédent, le réalisateur Hollandais Falco Friedhoff me contacta pour apporter son témoignage sur une rencontre rapprochée, quand il était enfant, avec une soucoupe volante et son occupant.

En 1952, lorsque la Hollande était encore en grand manque de logements, suite à la seconde guerre mondiale, la famille Friedhoff était une des cinq familles hébergées dans une grande et majestueuse bâtisse de la riche ville de Bloemendaal. Cette demeure appartenait au gouverneur de la banque centrale Hollandaise.

Falco Friedhoff était âgé de 4 ans et jouait avec des petites voitures dans le sable. C'était une après-midi radieuse, ensoleillée, d'un pur ciel bleu. Soudain, il vit une soucoupe volante, planer à une distance de 20 mètres. La soucoupe était petite et avait un grand dôme de verre.

Comme la soucoupe restait en suspension, le pilote était clairement visible. Le mieux qu'il se souvienne est que, compte tenu de la distance entre lui-même et la soucoupe , M. Friedhoff estime que l'homme dans la soucoupe faisait 1m de haut. Parlant de son expérience, plus de soixante ans plus tard, il dit : «C'est aussi clair dans ma mémoire que si c'était hier. Pour un enfant de quatre ans, cela me semblait normal. Je n'étais pas perturbé à la vue de cette soucoupe volante avec un petit homme à l'intérieur. Je lui fis un signe. Je ne me souviens pas s'il fît de même ou s'il souriait, mais il me traita de manière amicale. Nous nous regardions dans les yeux.»[84]

Bien que la soucoupe ressembla exactement au type d'engins que M. Friedhoff verra plus tard dans les dessins animés ou les illustrations populaires, il est catégorique sur le fait qu'il ne les a vus en représentation que des années après. De même qu'il n'a pas vu la soucoupe arriver, M. Friedhoff dit que la soucoupe a disparu sans l'avoir vu partir dans le ciel.

Ces récits servent à nous montrer combien la vie serait plus riche, et plus en lien avec la réalité , si nous pouvions voir le monde tout à la fois avec des yeux matures mais aussi avec l'innocence intacte de l'enfance.

Notes

1 Gerard Aartsen (2015), 'End the UFO/ET disclosure nonsense!'.Lien internet : <www.youtube.com/watch?v=U78n64c8K7A>

2 'Aliens "already exist on earth", Bulgarian scientists claim', *The Telegraph* [web], 26 Novembre 2009. Lien internet : <www.telegraph.co.uk/news/worldnews/europe/bulgaria/6650677/Aliens-already-exist-onearth-Bulgarian-scientists-claim.html> [atteint le 2 Mars 2015]

3 Interview avec Lachezar Filipov sur BTV, Bulgarie, Octobre 2012. Lien internet : <www. youtube.com/watch?v=23WRbbWFBQI> [Atteint le 2 Mars 2015]

4 Commentaires Off faits après une interview sur Russian TV, 7 Décembre 2012. Lien internet : <www.youtube.com/watch?v=fnpmjXhQT9w>

5 Andrew Buncombe (2015), 'US Presidential aide John Podesta says biggest regret is not securing release of government records about UFOs'. *The Independent* [web], 16 Février. Lien internet <www.independent.co.uk/news/world/americas/us-presidential-aide-johnpodesta-says-biggest-regret-is-not-securing-release-of-govern mentrecords-about-ufos-10049486.html> [atteint le 2 Mars 2015]

6 Wilbert Smith (1969), *The Boys from Topside*, p.28

7 Interview avec James McDonald (archival footage), dans : Rosie Jones (dir.; 2010), *Westall 66: A Suburban UFO Mystery*. Screen Australia, Film Victoria, Endange red Pictures, Australia. Lien internet :<www.youtube.com/playlist?list= PL6499D07FE5268266>

8 Georges Adamski (1957-58), *Cosmic Science for the Promotion of Cosmic Principles and Truths – Questions and Answers*, Series No. 1, Part No.4

9 Howard Menger (1959), *From Outer Space to You*, pp.163-64

10 Georges Adamski (1957-58), op cit, Part No. 1, Question #17

11 Ibidem, Part 3, Question #57

12 Adamski (1955), *Inside the Space Ships*, p.176

13 Enrique Barrios (1989), *Ami, Child of the Stars*, p.32

14 Ibid., p.26

15 Menger (1959), op cit, p.108

16 Ibid., p.161

17 Benjamin Creme (2010), *Le Rassemblement des Forces de Lumières*. Edition Anglaise p.16

18 Menger (1959), op cit, p.75

19 Stefan Denaerde (1977), *Operation Survival Earth*, p.16

20 Ibid., p.25

21 Ibid., p.153
22 Adamski (1955), op cit, pp.126-27
23 Smith (1969), op cit, p.29
24 Ibid., p.17
25 Adamski (1955), op cit, pp. 38-39
26 Menger (1959), op cit, p.92
27 Creme (2010), op cit, p.41
28 Menger (1959), op cit, p.71
29 Ibid., p.73
30 Adamski (1957-58), op cit, Part 5, Question #97
31 See Stefano Breccia (2009), *Mass Contact*, p.153 ff
32 Buck Nelson (1956), *My Trip to Mars, the Moon, and Venus*, p.13
33 Voir dans Gerard Aartsen (2011), *Ici pour Aider, les Ovnis et les Gens de l'Espace*, pp.17-18 et 19-20 des exemples de tentatives d'intimidation de contactés voulant partager leurs expériences.
34 Nelson (1956), op cit, p.13
35Adamski (1955), op cit. p.40
36 Wikipedia article sur James E. McDonald. Lien internet : <en.wikipedia.org/wiki/James_E._McDonald#Late_life_and_death> [Atteint le 29 Mars 2015)
37 'Castanet's UFO? Video'. Castanet website, 13 Août 2014. Lien Internet : <www.castanet.net/news/West-Kelowna/120861/Castanet-s-UFO-video> [Atteint le 7 Mars 2015]
38 Hillary Ojeda (2015), 'YouTube: Unidentified flying object recorded in Lima today'. *Peru This Week* [web], 11 Février. Lien internet <www.peruthisweek.com/news-youtube-this-could-actually-be-ufofilmed-in-lima-105252> [atteint le 7 Mars 2015]
39SophieRyan(2014),'UFOscapturedonfilmnearQueenstown'. *TheNewZealandHerald* [web], 14 Mai. Lien internet <www.nzherald.co.nz/nz/news/article.cfm?c_id=1&objectid=11254875> [atteint le 7 Mars 2015]
40 Megan Stewart (2013), 'Nat Baily UFO now identified as Space Centre "hoax"'. *Vancouver Courier* [web], 10 Septembre. Atteint le <www.vancourier.com/sports/nat-bailey-ufo-now-identified-as-space-centrehoax-1.618998> [Atteint le 7 Mars 2015]
41 'Viralísimo: el mundo habla de un "ovni" que apareció al aire en TN'. Todas Noticias [web], 6 Mars 2015. Lien internet <tn.com.ar/tecno/f5/viralisimo-el-mundo-habla-de-un-ovni-que-aparecio-al-aire-entn_575204> [Atteint le 7 Mars 2015]
42 Jon Hilkevitch (2007), 'In the sky! A bird? A plane? A ... UFO?'. *Chicago Tribune* [web], Janvier 7. Lien internet <articles.chicagotribune.com/2007-01-01/travel/chi-070101014 1jan01_1_craig-burzych-controllersin-o-hare-tower-united-plane> [Atteint le 10 Mars 2015]
43 'UFO Over Chicago O'Hare'. CrypticMedia [web], 30 Août 2007. Lien internet <youtu.be/0HUte_H9LKY> [atteint le 10 Mars 2015]
44 'Second UFO seen over Chongqing'. China.org.cn [web], 16 Juillet 2010.

Lien internet at <www.china.org.cn/china/2010-07/16/content_20509901.htm> [Atteint le 10 Mars 2015]

45 'Mystery of glowing white ball in the sky'. *English Eastday*, 23 Août 2011. Lien internet : <english.eastday.com/e/110823/u1a6067786.html>[Atteint le 10 Mars 2015]

46 John Stevens (2011), ' "UFOs" spotted over football stadium as Notre Dame game comes to a standstill'. *Mail Online*, 9 Septembre. Lien internet <www.dailymail.co.uk/news/article-2035758/UFOs-spottedfootball-stadium-game-comes-standstill.html> [Atteint le 7 Mars 2015]

47 Richard Padula (2014), 'The day UFOs stopped play'. BBC News [web], 24 Octobre. Lien internet <m.bbc.com/news/magazine-29342407> [Atteint le 7 Mars 2015]

48 Natalie Evans (2012), 'UF-Olympics? "Alien spacecraft" caught on camera over the London 2012 opening ceremony'. *Daily Mirror* [web], 31 Juillet. Lien internet <www.mirror.co.uk/news/uk-news/ufo-spottedat-olympic-games-opening-1193663>. [atteint le 10 Mars 2015]. Le Maître de Benjamin Creme a confirmé que ce vaisseau n'appartenait pas aux Frères de l'Espace, mais qu'il était le vaisseau de lumière utilisé par le Frère Aîné de l'Humanité , l'Instructeur Mondial Maitreya (voir le magazine *Partage International*, édition Anglaise Vol 31, N°7, p. 13)

49 'Es leuchtete und schwebte über das Weserstadion'. Der Bund [web], 9 Janvier 2014. Lien internet <blog.derbund.ch/zumrundenleder/blog/2014/01/09/es-leuchtete-und-schwebte-ueber-das-weserstadion/> [Atteint le 7 Mars 2015]

50 'Misterio "cósmico" en San Lorenzo: ¿un OVNI sobrevoló el "Nuevo Gasómetro"?' InfoBAE.com [web], 22 Avril 2014. Lien internet <www.infobae.com/2014/04/22/1559029-misterio-cosmico-sanlorenzo-un-ovni-sobrevolo-el-nuevo-gasometro> [Atteint le 30 Mars 2015]

51 ' "UFO" spotted over London 2012 site'. BBC London [web], 10 Novembre 2009. <news.bbc.co.uk/local/london/hi/people_and_places/newsid_8352000/8352111.stm> [Atteint le 10 Mars 2015]

52 Scott C. Waring (n.d.), 'US Presidents' [web]. Lien internet : <www.ufosightingsdaily.com/p/us-presidents.html> [Atteint le 10 Mars 2015] Voir aussi: Emily Smith (2009), 'UFO sees Obama become President', *The Sun* [web], n.d. Lien internet : <www.thesun.co.uk/sol/homepage/news/article2165801.ece>. [Atteint le 10 Mars 2015]

53 Le Maître de Benjamin Creme (2013), commentaire sur un rapport sur l'observation de Simona Bocchi. magazine *Partage International*, édition Anglaise Vol.32, No.3, p.12

54 Adamski (1955), op cit, p.68

55 Adamski (1957-58), op cit, Part 5, Question #96

56 Denaerde (1977), op cit, p.35

57 Adamski (1957-58), op cit, Part 4, Question #66

58 Giorgio Dibitonto (1990), *Angels in Starships*, p.8

59 Ibid., p.85

60 Denaerde (1977), op cit, p.88

61 Claudia Urbaczka (2012), 'UFO over German protest'. Lettre à l'éditeur, magazine *Partage International*, édition Anglaise Vol.31, No.1, Janvier/Février 2012, p.33

62 Drishya Nair (2013), 'Mass UFO Sighting: Thousands watch "UFO"Hovering in Brazilian Skies during Protests'. *International Business Times* [web], 20 Juin. Lien internet : <www.ibtimes.co.uk/mass-ufo-sightingbrazil-protests-aliens-truck-481193>; and Alejandro Rojas (2013), 'Protesters in Brazil film UFO while drone films protesters', Open Minds [web], 20 Juin. <www.openminds.tv/protestersfilm-ufo-while-drone-films-protesters-video-1057/22390>. [Atteint le 14 Mars 2015] Cette observation a été confirmée comme étant un vaisseau de Vénus par Benjamin Creme dans le magazine *Partage International*, Édition Anglaise, Vol.32, No.7, Septembre 2013, p.14

63 Arjun Walia (2013), 'Amazing Footage: Thousands Witness UFO over Brazilian Protests'. CE [web], 20 Juin. Lien internet : <www.collectiveevolution.com/2013/06/20/thousands-witness-amazing-ufo-overbrazilian-protests/> [Atteint le 14 Mars 2015]

64 Minnie Nair (2014), 'Mass UFO Sighting: Spaceship Shoots up Vertically during Hong Kong protests'. International Business Times [web], 3 Octobre. Lien internet : <www.ibtimes.co.in/mass-ufo-sighting-spaceshipshoots-vertically-during-hong-kong-protests-610489> [Atteint le 14 Mars 2015]

65 Carlos Fredo (2012), 'OVNI sobre el volcán Popocatépetl, Octobre 2012'. StarMedia [web], 2 Novembre. Lien internet : <noticias.starmedia.com/insolito/ovni-sobre-volcan-popocatepetl-octubre-2012.html> [Atteint le 20 Mars 2015]

66 Siberian Times Reporter (2013), 'So did a UFO shoot down the famous Chelyabinsk meteorite last month?'. *The Siberian Times* [web], 28 Février. Lien internet : <siberiantimes.com/weird-and-wonderful/newsand-features/news/so-did-a-ufo-shoot-down-the-famous-chelyabinskmeteorite-last-month/> [Atteint le 20 Mars 2015]

67 Norman Byrd (2014), 'UFO caught "monitoring" International Space Station on live camera'. Examiner.com [web], 9 Octobre. Lien internet : <www.examiner.com/article/ufo-caught-monitoring-internationalspace-station-on-live-camera-video>. [Atteint le 20 Mars 2015]

68 Michael Rundle (2015), 'UFOs Outside the International Space Station: Why Do We Keep Seeing Them?'. *Huffington Post* UK [web], 26 Janvier. Lien internet : <www.huffingtonpost.co.uk/2015/01/26/ufosinternational-space-_n_6546998.html>. [Atteint le 20 Mars 2015]

69 Mary-Ann Russon (2014), 'Nasa's Curiosity Rover Captures "Cigar-Shaped" UFO Orbiting Mars'. *International Business Times* [online], 13 Mai. Lien internet : <www.ibtimes.co.uk/nasas-curiosity-rover-capturescigar-shaped-ufo-orb ting-mars-1448451>. [Atteint le 20 Mars 2015]

70 Scott C Waring (2014), 'Dark UFO On Mars Caught by Curiosity Rover, Juillet 2014'. UFO Sightings Daily [online], 18 Juillet. Lien internet : <www.ufosightingsdaily.com/2014/07/dark-ufo-on-mars-caught-bycuriosity.html>. [Atteint le 20 Mars 2015]

71 Jimmy Nsubuga (2014), 'Does this mystery white light captured by Nasa's Curiosity rover suggest there's life on Mars?'. *Metro* UK [web], 8 Avril. Lien internet : <metro.co.uk/2014/04/08/does-this-mysterywhite-light-captured-by-nasas-curiosity-rover-suggest-theres-life-onmars-4692107/>. [Atteint le 20 Mars 2015]

72 'Bright lights on dwarf planet Ceres perplex NASA scientists'. The Sydney Morning Herald [web], 27 Février 2015. Lien internet : <www.smh.com.au/technology/sci-tech/bright-lights-on-dwarfplanet-ceres-perplex-nasa-scientists-20150227-13qx5r.html>. [Atteint le 20 Mars 2015]

73 'Huge UFO spotted on SOHO image'. UFO Sightings Hotspot blog [web], 1 Mars, 2015. Lien internet : <ufosightingshotspot.blogspot.nl/2015/03/huge-ufo-spotted-on-soho-image-mar-01.html>. [Atteint le 20 Mars 2015]

'De la bouche des enfants...'

74 Creme (2010), op cit, p.16

75 Ibid., pp.22-23

76 Stephen Coan (2008), 'The day the aliens landed'. The Witness [web], 16 Avril. Lien internet : <www.witness.co.za/index.php?showcontent&global[_id]=6379>. [Atteint le 26 Mars 2015]

77 Cynthia Hind (1995), 'The Children of Ariel School'. *UFO AfriNews*, No.11, Feb. 1995, pp.19-22

78 Stéphane Allix (dir.; 2011), Experiencers. 13E Rue, France. Lien internet :<www.youtube.com/watch?v=BHy58wMgsrU> [Atteint le 26 Mars 2015]

79 Tineke's paranormale wereld, *RTL4*, the Netherlands (27 Mars 1996). Lien internet : <www.youtube.com/watch?v=g41mxGQPp0k> [Atteint le 26 Mars 2015]

80 Interview personnel avec M. Joseph O. Unazi, Amsterdam, Pays-Bas, le 23 Novembre 2014

81 Rosie Jones (dir.; 2010), Westall '66: A Suburban UFO Mystery. Screen Australia, Film Victoria, *Endangered Pictures*, Australie.

82 Roger Marsh (2015), '1966: Michigan children discover landed UFO in local field'. MUFON Case No. 63749, 13 Mars. Lien internet : <www.mufon.com/ufo-news/-1966-michigan-children-discover-landed-ufo-inlocal-field>. [Atteint le 28 Mars2015]

83 'Two children encounter UFO and small humanoid beings in Cussac, France' UFO Evidence, n.d. Lien internet : <www.ufoevidence.org/cases/case705.htm> [Atteint le 28 Mars 2015]

84 Interview personnel avec M. Falco Friedhoff, Amsterdam, Pays-Bas, le 4 Avril 2014

Georges Adamski (p.5)

a Timothy Good (2000), *Unearthly Disclosure*, p.256

b Ibidem, p.262

c Robert Chapman (1972), *UFO – Flying Saucers over Britain?*, 1974 p.115

d Waveney Girvan (1960), 'The Adamski Photographs – an open challenge'. *Flying Saucer Review*, Vol 6, No.2, Mars-Avril, p.4, citation d'une lettre de Joseph N. Mansour of Novembre 1954

e Waveney Girvan (1955), Letter to the Editor. *The Observer newspaper*, Octobre 25; Desmond Leslie (1955), Préface du livre d'Adamski *Inside the Space Ships*, p.23.

f Interview avec William Sherwood dans M. Hesemann (1996), U*FOs: The Contacts – The Pioneers of Space.*

g Good (1998), *Alien Base*, p.155

2. Isolement cosmique de la Terre : un confinement auto-imposé

Un soir d'été au milieu des années 60, l'homme d'affaires Hollandais Ad (diminutif d'Adrian) Beers et sa famille, naviguait sur l' Oosterscheldt, un grand estuaire au sud-ouest de la Hollande, quand le compas de son bateau sembla endommagé. En revenant au port, il vit soudainement la forte lumière bleutée d'un projecteur. Même en inversant la poussée des moteurs à pleine puissance, le bateau ne pouvait pas ne pas heurter un objet solide. En regardant de plus près, il sembla que le bateau de M. Beer avait heurté la coque d'un bateau qui aurait chaviré. Un corps flottait aux alentours. Il se jeta à l'eau avec une bouée de sauvetage, il se retrouva en contact avec une surface dure sous 1 mètre d'eau. Juste après avoir sécurisé le corps flottant, une autre personne, habillée de la même manière que la personne secourue, vint à sa rencontre en pataugeant dans l'eau pour l'aider dans ses efforts de sauvetage. Sa tenue ressemblait à un costume spatial Il décrit alors sa stupéfaction à la vue d'un visage «animal avec de grandes pupilles carrées, qui étaient hypnotisant et plein d'assurance.»

Il réalisa à cet instant qu'ils étaient des visiteurs d'une autre planète. Par gratitude, ils lui offrirent l'opportunité de partager des informations détaillées sur leur monde. Il fut invité à voir, sur une période de deux jours à bord du vaisseau semi-submergé des images saisissantes de l'organisation de la société sur 'Iarga', le nom qu'ils donnent à leur planète. Les commentaires lui faisaient part de façon détaillée des principes philosophiques soutenant leur mode de vie. De manière compréhensible, cette expérience changea la vision du monde de M. Beer jusqu'en dans ses principes.

Comme il avait la position de directeur général de la société d'importation en Hollande des camions suédois Scania, M. Beers présenta son histoire comme de la science-fiction sous le pseudonyme de Stefan Denaerde (une contraction de 'Stef van de Aarde' ou 'Steve de la Terre') en 1969. Son livre devint un best-seller avec de nombreuses réimpressions. En 1977, la première édition anglaise fut publiée sous le titre *Operation Survival Earth*. Une autre édition augmentée et révisée fut publiée par Wendelle Stevens sous le titre *Contact from Planet Iarga*.

Très impressionné par ce qu'il lui fut montré et dit, M. Beers/ Stefan Denaerde, sur la fin de leurs échanges, demanda à ses contacts de l'espace s'ils étaient en mesure de fournir des connaissances technologiques précises pour faire avancer la civilisation terrestre. La réponse ne pouvait n'être plus franche : « la dernière chose dont vous avez besoin est de plus de développement technologique qui accroîtrait le fossé entre votre développement intellectuel et votre développement social pratiquement inexistant. Vous jouez à envoyer des sondes sur Mars, alors que la moitié de votre population souffre de la faim ou de pauvreté. La seule information dont vous avez besoin tient au domaine des standards sociaux.»[1]

Selon ses contacts, c'est aussi pour cette raison que l'humanité est retenue en situation d'isolement cosmique depuis des millénaires: « vous n'avez pas les valeurs, ni l'éthique, d'une civilisation développée. (...) Cela bloque votre intégration cosmique.»[2]

En dépit de plusieurs revendications contraires - qu'un groupe d'élite est en possession d'une technologie de vol spatial et a établi une 'percée' de civilisation dans le but de contrôler l'humanité et les ressources mondiales - beaucoup d'autres se sont vus signifiés la même chose que Denaerde. Souvenons-nous de ce que Benjamin Creme a dit, en se basant sur ses contacts avec l'un des Maîtres de Sagesse, que même si un certain nombre de gouvernements ont atteint un certain degré de maîtrise de la technologie 'anti-gravité', aucun n'a atteint la maîtrise complète de l'espace (...) comme démontrée par les Frères de l'Espace.»[3]

Récemment en 2008, l'astronaute d'Apollo14 le Dr Edgar Mitchell, a dit de lui-même « qu'il avait le privilège d'être au fait que notre planète a été visité.» dit dans une interview : « Je soupçonne que, durant ces 60 dernières années, il y a eu de la rétro-ingénierie (...) mais pas au point de s'approcher de la sophistication atteinte par les visiteurs.» [4]

Basées sur les déclarations concordantes, et le fait gênant qu'une élite possède déjà une majorité de la richesse sur cette planète, ce qui leur donne une influence sur la démocratie et les processus judiciaires de nombreuses nations, comme nous le verrons ci-dessous, je pense qu'il est plus sûr de classer l'idée de 'projet spatial secret', qui prétend que des membres de l'humanité Terrestre voyage au sein du système solaire dans des vaisseaux 'fait maison', dans la catégorie au mieux 'spéculative'.

Enrique Barrios, à qui l'on demanda d'écrire le livre *Ami, l'enfant des Étoiles* comme une histoire pour enfants, fut dit qu'une race égoïste n'a pas de réelle intelligence : « Ils n'atteignent pas le niveau scientifique nécessaire pour quitter leurs planètes et aller envahir les autres mondes. Il est plus facile de construire des bombes que de bâtir des vaisseaux intergalactiques...et si la civilisation n'a pas de gentillesse et réussit à atteindre un haut niveau scientifique, tôt ou tard, elle l'utilise sa force de destruction contre elle-même, bien avant de pouvoir s'envoler vers les autres mondes.»[5] Au sujet de la Terre, en particulier, « la relation mathématique entre la science et l'amour est terriblement déséquilibrée du côté de la science; des millions de civilisations équivalentes se sont auto-détruites. C'est un temps de changement très dangereux.»[6]

Le contact de Barrios a dit que tout était interconnecté, mais que « l'humanité ne comprend pas la loi qui lie toute chose entre elles... ou que nous ne voulons pas la voir.»[7]. De plus, on a dit à Georges Adamski que : «vivre en paix avec son prochain n'est qu'une question de compréhension et de compassion. C'est une Loi Universelle que nous devons tous apprendre et appliquer dans nos contacts de tous les jours si nous voulons progresser.»[8] Il fut également dit au contacté d'Amizicia Bruno Sammaciccia: « C'est un point critique dans votre histoire; un tournant dans vos technologies, mais à cause de votre enthousiasme enfantin, vous oubliez vos valeurs morales. Ce serait regrettable qu'il en soit ainsi car tout survient par la morale, et tout est accomplit par elle.»[9] Il écrit lui même : « Ils [les visiteurs de l'espace] placent la morale [avant] la technologie, tandis que nous, nous faisons exactement l'opposé.»[10]

38
TA

En haut à gauche : le tjalk de M. Beers, une péniche typique de Hollande à fond plat et sa voile de livarde caractéristique, avec lequel il heurta un ovni submergé.
En bas à gauche: M. Beer/Stefan Denaerde interviewé par la chaîne TV hollandaise KRO TV, sur la plage de l'estuaire d'Oosterscheldt en 1969.

Ci-dessous: le contacté Hollandais Ad Beers/Stefan Denaerde (à gauche) avec l'investigateur sur les ovnis Wendelle Stevens. (Photo: Brit Elders)

Ces déclarations n'en sont pas moins vraies comme quand Maitreya, qui est attendu par beaucoup comme l'Instructeur Mondial pour le Nouvel Age, souligne la tragédie qui se déroule sur Terre, avec encore plus d'urgence en 1978 : « A travers le monde, il y a des hommes, des femmes, et des petits enfants qui n'ont pas le minimum pour rester en vie; ils se massent dans les villes des pays les plus pauvres du monde. Ce crime Me remplit de honte. Mes Frères, comment pouvez-vous regarder ces gens mourir sous vos yeux et vous appelez Homme ?»[11]

Que cette loi naturelle et cet équilibre, soient si faussées par le matériel - en science, en politique, en économie - au détriment de notre relation envers nos frères et sœurs en tant qu'une seule humanité, n'a rien de nouveau. Comme souligné par Georges Adamski de nombreuses fois: « Tous les grands enseignants spirituels ont enseigné la loi du respect, de l'amour, et de la fraternité. Jésus, dont les enseignements sont à la base du monde Chrétien, nous donna un commandement... le commandement d'aimer sans juger. Malgré cela, regardez toutes ces divisions, ces ressentiments et ces haines qui prévalent parmi les gens sur Terre; Toutes ont jetées les bases de la guerre et des rumeurs de guerre nous confrontant les uns aux autres. Si les peuples sur les autres planètes ne vivaient pas mieux ces enseignements que les Terriens, eux aussi connaîtraient les mêmes tourments qui nous environnent aujourd'hui.»[12] Selon Enrique Barrios, le personnage d'Ami, cependant, il y a un plus grande souffrance maintenant sur Terre que dans les époques précédentes, car « [l]es gens étaient moins sensibles, ils souffraient moins des atrocités, ils croyaient en la guerre. Aujourd'hui, ils n'y croient plus.»[13]

Les contacts de Stefan Denaerde aussi faisaient référence aux enseignements de Jésus lorsqu'ils disaient : « Il n'y a pas besoin de faire dans la complication pour savoir qui est riche et qui est pauvre. Une moitié du monde est occupé à faire des cures de minceur et une autre souffre de malnutrition et de faim. Les paroles du Christ ne laissent aucune doute à ce sujet : « J'avais faim et vous m'avez donné à manger; j'avais soif et vous m'avez donné à boire. Je vous le dis en vérité, ce que vous avez fait au plus petit d'entre vous, vous l'avez fait à moi-même.»[14]

L'Instructeur Mondial ? Non, pas une autre religion !

L'idée de l'évolution de la conscience comme une fonction de la Vie est un fait de la Nature a été portée à l'attention du public pour la première fois dans les temps modernes par H.P. Blavatsky dans son œuvre *Isis Dévoilée* (1877) et dans la *Doctrine Secrète* (1888). Elle réaccoutuma l'humanité à la notion de règne spirituel, dont les membres sont les Initiés et les Maîtres de Sagesse. Il est aussi connu sous le nom de grande Loge Blanche ou, en termes chrétiens de Royaume de Dieu.

Selon les enseignements de la Sagesse Immémoriale, dont le travail de Blavatsky représente la phase préparatoire, au commencement de chaque age cosmique, cette hiérarchie spirituelle envoie un Enseignant de leur milieu pour apporter une nouvelle révélation sur la réalité spirituelle derrière notre existence matérielle. Leurs enseignements se sont invariablement transformés en religion par leurs adeptes à cause du manque de développement individuel et intellectuel.

Georges Adamski était bien conscient de cette Loi d'Apparition Cyclique des enseignants, quand il s'exprima sur « les Lois Universelles qui ont été transmises par les Hommes de Sagesse tout au long des siècles.»[a] De fait, il fut un élève, parmi d'autres, des Maîtres de Sagesse qui étudièrent au Tibet. Les vues acquises lors de ses études formèrent la base de son premier livre, *la Sagesse des Maîtres de l'Extrême Orient*, qu'il a publié en 1936. Il y eut d'autres enseignants qui étudièrent auprès de Maîtres comme H.P. Blavatsky, Rolf Alexander M.D., Murdo-MacDonald-Bayne et Baird T. Spalding.[b]

Ces révélations récurrentes délivrées par un nouvel Enseignant s'appellent la Doctrine de Celui qui vient et a été déclarée dans presque toutes les religions comme l'attente du retour d'un enseignant : les chrétiens attendent la Seconde Venue, les Juifs attendent encore le Messie, les Bouddhistes attendent le cinquième Bouddha, les Hindous la dixième incarnation de Vishnu, ou Kalki Avatar, et une partie de l'Islam attendent le douzième Mahdi, Imam Mahdi.

Tandis que de nombreux contactés s'exprimèrent sur la Seconde Venue en termes mystiques par une expérience subjective à grande échelle, il fut dit au contacté Italien Giorgio Dibitinto en 1980 : « Aucun autre événement unique du passé de la Terre ne peut se comparer à ce qui se tient devant nous maintenant. (...) Vous serez guidé par un nouveau Moïse qui sera aimé de tous et très admiré. Il conduira tous les peuples dans un nouvel 'exode', comme un bon frère et un bon père.»[c] En effet , le Maître Tibétain Djwhal Khul, a annoncé en 1948, qu'en conséquence des souffrances de l'humanité durant les guerres mondiales du 20ème siècle, le Christ a décidé de « ré-apparaître ou de revenir par Sa présence sur Terre dès que possible.»[d]

Selon les enseignements, un Instructeur Mondial, peu importe sous quel nom ses disciples le reconnaîtront, habituellement se manifeste par adombrement de la conscience d'un disciple, de la même façon que le Bouddha travailla à travers le prince Gautama et le Christ à travers Jésus en Palestine. Il semble que George Adamski connaissait cette distinction, quand il écrivait en 1962 : «...Jésus était une personnalité et le Christ une conscience consciente ou conscience cosmique. Jésus, en tant qu'individu, s'entraîna lui-même pour permettre à la conscience du [Christ] de se manifester.»[e] Les étudiants de la Sagesse Immémoriale savent que jusqu'en 1929, Jiddu Krihsnamurti était préparé pour être un possible véhicule de manifestation de l'Instructeur Mondial pour le Nouvel Age. Il sera plus tard un éducateur et un philosophe.

En tant que contacté, l'auteur Britannique et ésotériste Benjamin Creme donna des conférences sur la mission spirituelle des Frères de l'Espace dans les années 50 et depuis 1974 débuta sa mission d'informer le monde que cette fois-ci l'Instructeur Mondial viendrait lui-même.

Selon Creme, Maitreya, dont il dit qu'il est le nom personnel de l'Instructeur Mondial, est arrivé à Londres dans son centre dans le monde moderne en Juillet 1977. Il a depuis ce temps préparé l'humanité et le monde à son émergence complète le plus tôt possible.

Creme a toujours soutenu que l'Instructeur n'est pas venu en leader religieux, ou pour recruter des adeptes pour les 'sauver', mais pour enseigner à l'humanité l'Art de la Réalisation de Soi (voir aussi page 117) et pour établir des relations humaines correctes comme base de la nouvelle dispensation. la dernière information de Creme, en Juillet 2015, est que le longuement attendu Jour de Déclaration pourrait prendre place d'ici un an et demi, mais plus vraisemblablement autour du moment où l'effondrement du système économique et financier actuel aura eu lieu.[f]

Notes en page 73

Dans une illustration frappante de notre situation actuelle, Barrios écrit:« Quand le niveau scientifique dépasse le niveau d'amour dans une société, elle court vers l'auto-destruction. Il y a une relation mathématique...Si le niveau d'amour est bas, le malheur, la haine, la violence, la division et les guerres gangrènent la collectivité, avec une dangereuse et élevée capacité destructrice.»[15] D'où l'exhortation du contact Martien d'Adamski : « Puisque votre connaissance scientifique dépasse de très loin à présent votre stade de développement social et humain, l'écart *doit* être comblé urgemment et avec hâte.»[16]

De même, il fut dit à Daniel Fry, auteur de *The White Sands Incident*,: «vos propres philosophes, du passé et du présent, ont transmis au peuple d'amples instructions. Une sagesse élargie pour vous permettre de prendre la bonne direction, si seulement vous pouviez en réaliser l'absolue nécessité. (...) Il y a de nombreuses déclarations dans vos livres religieux et philosophiques qui montrent que les grands penseurs de l'humanité, à travers tous les ages, ont bien été conscients des dangers de la focalisation sur la science matérialiste.»[17] Ainsi, « à moins de trouver les voies et les moyens de stimuler la croissance spirituelle et les sciences sociales sur terre, un temps viendra inévitablement où l'accent mis sur les questions matérielles entraînera l'effondrement de votre civilisation. La ruine et la destruction s'étendront aux aspects sociaux et spirituels.»[18]

Faisant écho au refus des contacts de Denaerde de partager davantage de connaissances technologiques, on répondit au contacté des années 50 Orfeo Angelucci : « améliorer le niveau des connaissances scientifiques de l'homme dans cette phase destructrice n'est pas permis. Nous travaillons maintenant à tourner cette connaissance vers des buts constructifs sur Terre. Ainsi, nous espérons apporter aux hommes une connaissance plus profonde et une compréhension de notre vraie nature ainsi qu'une plus grande prise de conscience de la crise évolutive devant eux.»[19]

Cette crise évolutive et une crise de la conscience humaine : bien que nous sachions que nous sommes intérieurement une humanité, extérieurement, la qualité relativement récente d'individualité est si attirante que cela a provoqué une compétition des plus féroces entre certains membres de l'humanité. A tel point, que la richesse de *80 individus* équivaut à celle de *50% des plus pauvres* de l'humanité, et selon Oxfam, en 2016, la richesse d'1% de l'humanité dépasse celle des 99% restant, avec plus de 1 milliard de gens vivant avec 1,25$ par jour.[20]

L' Instructeur Mondial à travers son associé, appela cette grave inégalité une 'tumeur': « ce n'est pas seulement les grandes institutions financières qui font faillite; le monde entier fait faillite - mentalement et spirituellement. Le monde traverse une énorme crise. Tous les remèdes ont été essayés et ont échoué. La tumeur doit exploser ouvertement avant que la guérison puisse se faire.»[21]

« Ecoutez les nouvelles et vous verrez des manifestations record, des soulèvements historiques et des émeutes dans des rues calmes - il n'y a pas de doute que les inégalités de revenus grandissantes est un sujet d'importance centrale.»[22]

Ce n'est pas une citation d'un article récent sur la nécessité du changement social, mais la déclaration d'ouverture du chapitre 2 du rapport *Outlook on the Global Agenda 2014* du World Economic Forum, mieux connu pour sa célèbre rencontre de l'élite mondiale annuelle à Davos, en Suisse. Les leaders mondiaux deviennent finalement conscient des dangers de l'énorme et grandissant écart entre les pauvres et les riches. Que cette tendance ne puisse plus restée sans contrôle, était également présente dans le discours sur l'État de l'Union du président Obama en Janvier 2014: «aujourd'hui, après quatre années de croissance économique, les profits des entreprises et le niveau des actions ont rarement été aussi élevés. Ceux qui sont au sommet n'ont jamais été aussi bien. Mais le salaire moyen a à peine bougé. Les inégalités se sont creusées. (...) La vérité est que même au milieu de la reprise, trop d'américains travaillent plus que jamais ne serait-ce que pour aller de l'avant.» Il continua en décrivant les contours des mesures politiques pour répondre aux dangers inhérents aux disparités grandissantes dans les revenus et les opportunités.[23] Même si un mouvement grandissant pour un revenu décent a pris de l'ampleur et atteint un certain succès, la différence de revenus entre les riches et les autres demeure obscène à tous les points de vue.

Une façon courante par laquelle les gens de cœur et de bon sens expriment leur défiance à propos des méthodes défaillantes avec lesquelles l'humanité se relie à sa planète, est de poser les choses d'un point de vue extérieur : «Si un Martien venait à visiter notre planète...» suivi d'observations sur la façon dont les humains se compliquent la vie pour eux-mêmes et les autres créatures pour une simple question de profit.

Bien que de nombreux lecteurs savent que nous avons été et sommes visités par des gens des autres planètes, nombre d'entre eux ne savent peut-être pas exactement combien fréquemment ces mêmes visiteurs ont exprimés leurs préoccupations sur la façon dont nous avons choisi d'organiser la société autour de la nécessité de gagner de l'argent pour notre vie quotidienne et de la poursuite du 'rêve' de la richesse illimitée, même si nous tuons notre planète. Par exemple, en 1954, durant son séjour sur un vaisseau-mère, les hôtes de l'espace de George Adamski lui dirent: «Si l'homme doit vivre sans catastrophe, il doit prendre soin de son prochain comme lui-même, l'un étant la réflexion de l'autre.»[24] Après de nombreuses années de contacts soutenus avec les gens des autres planètes, Adamski ajouta en Décembre 1964: «[P]our avoir une société saine et prospère, ce qui cause le plus de difficultés doit être supprimé. Comme chacun le sait, il s'agit du stigmate de la pauvreté au milieu de l'abondance. C'est la cause de la maladie, du crime et de bien d'autres maux que nous connaissons...»[25]

En écrivant sur l'état du monde dans les années 60, les constatations d'Adamski sont maintenant de nature prophétique : «Aujourd'hui, de nombreuses personnes vivent un enfer ici-même, à cause de la confusion, des incertitudes et des divisions; tout cela créé de la peur, de l'envie, et de la haine.»[26] Quiconque mettrait en doute cette observation en 1957, au moment où ces propos furent écrit, ne peut qu'admettre qu'ils font douloureusement aujourd'hui la une des journaux dans leur description des effets des politiques gouvernementales pour 'équilibrer les budgets', 'stimuler l'économie' ou 'rassurer les marchés'.

Cela n'est pas arrivé du jour au lendemain, mais c'est le point culminant de la tendance néo-libérale dans les nations développées du monde. Celle-ci est bien connue depuis longtemps et a trouvé son chemin dans les discours politiques et économiques de façon dominante, comme je l'ai souligné par ailleurs. L'élection de Margaret Thatcher en 1979 et de Ronald Reagan aux USA en 1980 marquèrent le fondement d'une politique basée sur le principe que la meilleure solution consiste en moins d'administration et moins de régulation du marché. Au cours des quatre dernières décennies, ce concept de gouvernement a aussi gagné la social démocratie et de nombreux partis de gauche en Europe. La version US est certes plus radicale, avec seulement quelques différences entre le parti Démocrate et le parti Républicain sur le sujet de réduire au minimum les dépenses publiques.

Vers la fin de la Seconde Guerre Mondiale, lors de son discours de l'État de l'Union, le 11 Janvier 1944, le Président Franklin D. Roosevelt décrit les contours de ce qui deviendra la 'seconde Déclaration des Droits', dans laquelle figure «le droit à un job utile et rémunérateur dans l'industrie, les magasins, les fermes ou les mines de la Nation; (...) le droit de disposer d'un revenu suffisant pour avoir accès à une nourriture, un habillement et des loisirs suffisants; (...) le droit pour chaque famille à un logement décent; le droit à des soins médicaux adéquats et l'opportunité d'obtenir et de jouir d'une bonne santé; le droit à une protection adéquate face à la peur du grand âge, de la maladie, de l'accident, et du chômage; le droit à une bonne éducation.»[27] La Déclaration Universelle des Droits de l'Homme incorporera plus tard un grand nombre de ces droits, soutenus par la veuve de FDR Eleanor Roosevelt. Elle sera ratifiée par l'Organisation des Nations Unies le 10 Décembre 1948.[28]

L'engagement de FDR pour l'affranchissement de l'homme du besoin et d'une vraie liberté de rechercher le bonheur a été renforcé par le programme de 'Grande Société' du Président Lyndon B. Johnson, lancé en 1964. Son objectif se concentrait sur l'élimination de la pauvreté et de l'injustice raciale aux USA. En 1970, six ans après son lancement, «la part d'Américains vivant sous le seuil de pauvreté baissé de 22,2% à 12,6%, la baisse la plus spectaculaire du siècle sur une période aussi courte.»[29], selon l'ex Secrétaire à la Santé, l'Éducation et l'Assistance Sociale Joseph Califano Jr. Dans son article de 1999 'What Was Really Great About the Great Society - the truth behind the conservative myths', il énumère les nombreuses réalisations d'une série d'interventions des gouvernements qui «donnèrent un coup de pouce et non une distribution» à travers l'éducation, les soins de santé, et des actions positives pour instaurer la justice sociale.

Comme pour confirmer ces vues, dans la seconde édition Anglaise et augmentée de son livre, Stefan Denaerde dit : «leur définition de la civilisation mondiale ou culture n'a rien à voir avec le niveau de développement scientifique et technologique, mais avec la manière dont la communauté traite les handicapés ou les êtres plus faibles. Le terme super-culture désigne la situation engendrée par l'apparition d'un groupe structuré qui abolit toute discrimination contre tout individu.»[30]

Pendant que la plupart des pays Occidentaux était en phase de reconstruction d'après-guerre, les visiteurs de l'espace prévoyaient déjà les défauts inhérents à notre système socio-économique, bien avant le tournant néo-libéral qui nous a ramené au capitalisme du 19ème siècle. En 1955, le Maître Saturnien décrit l'état de carence morale de l'humanité en termes poétiques: «...l'homme dans son manque de compréhension a détruit l'harmonie de son existence sur Terre. Il est hostile à son voisin. Son esprit est divisé par la confusion. Il ne connaît pas la paix. Il n'a pas contemplé la vraie beauté. Quand bien-même, il tire de la fierté de ses accomplissements matériels, il vit comme une âme perdue. Quel est donc cet homme qui demeure dans une telle obscurité ? C'est un mortel qui a manqué de servir Celui qui est Immortel ! ...Il est celui qui craint toutes choses au-delà de son esprit plein d'entraves. Il est celui qui nie que son esprit a soif de vérité.»[31]

Au lieu de donner expression à notre unité essentielle, par exemple en mettant en œuvre les propositions de la commission fondée et présidée par l'ex-Chancelier Allemand Willy Brandt, pour répondre au problème de la disparité entre la distribution de la richesse mondiale et des opportunités, les nations occidentales, au sommet de leur domination, entamèrent le processus de donner pouvoir aux forces du marché, en supprimant les réglementations et les restrictions qui protègent les citoyens et les consommateurs et en vendant les services publics , tels que l'électricité, les réseaux, les transports publics, la santé, le logement et même l'approvisionnement en eau, qui ont été financés par la richesse de la nation, les contribuables, à de grandes sociétés qui maintenant les exploitent ou les échangent pour le profit.

Dans son article, 'La vente du siècle : l'arnaque de la privatisation'; l'auteur Anglais et journaliste James Meek décrit comment nous en sommes arrivés à ce point : « le système de croyance du marché, qui considère que le gouvernement est incompétent par défaut, que les taxes sont accablantes, que le désir de richesse est un droit et la principale motivation de la réussite et que virtuellement tous les désirs humains peuvent être satisfaits par les compagnies privées, s'est enraciné dans le monde non-communiste, du Chili à la Nouvelle Zélande. Souligné par une perception populaire du public, que la sur-dépense des gouvernements et l'intérêt égoïste des syndicats organisés étaient à blâmer pour la stagnation économique et l'inflation des années 70. Thatcher et Reagan s'en sont pris aux puissants syndicats et ont gagné. Les barrières des mouvement internationaux de marchandises et de circulations de l'argent sont tombées; l'Union Européenne ne fut, sur le papier, qu'un simple marché. En Angleterre, les restrictions sur les autorisations d'emprunt furent levées pour tout le monde, et des millions de gens disposèrent d'une carte de crédit. Les règles d'encadrement sur l'utilisation des dépôts des citoyens ont été déchirées, et des sommes inimaginables ont été transférées de pays à pays. Les gouvernements ont coupé dans les dépenses, dans les impôts et les taxes. Les taxes commerciales et les frais pour les services de tous les jours ont été augmentés. Les logements sociaux et les grandes entreprises d'état ont été privatisés, conduisant par la suite à de multiples sociétés redondantes. Le programme de Thatcher en Angleterre a servi d'inspiration au FMI et la Banque Mondiale pour définir les conditions des prêts de sauvetage pour les pays en développement.»[32]

Bien avant l'arrivée au pouvoir mondial des vues néo-libérales, les contacts de M. Denaerde l'avertirent en 1965, des dangers de la dérégulation des forces du marché. L'économie 'libre' est basée sur «la loi de la jungle, le droit de celui qui est économiquement fort ou le statu quo dans l'équilibre des pouvoirs, où le pouvoir militaire est rendu nécessaire. Une culture de haute technicité est sous le contrôle de plusieurs lois naturelles, dont une stipule qu'une discrimination ne peut subsister temporairement, que si elle est soutenue par d'autres discriminations. Chaque discrimination amènent les autres. Le pouvoir est un facteur discriminant du fort contre le faible et fait partie de la loi de la jungle.»[33]

Les conséquences de ce glissement d'une société qui s'efforce de créer une société juste où chacun est libre, à une économie où chacun est en compétition pour avoir l'hypothétique chance de devenir milliardaire, en monétisant tout, de l'éducation au système carcéral, sont désastreuses. La corruption atteint nos institutions et nos procédures judiciaires et démocratiques. Le bombardement implacable des publicités rivalisant pour attirer notre attention a des effets débilitants, auxquels s'ajoutent la privation de nos droits et le nivellement par le bas. L'élite globale se permet donc de 'truquer encore plus le jeu' en leur faveur. Mais encore, et plus particulièrement des milliards de gens sont laissés pour compte et n'ont même pas accès à la nourriture de base, le logement, la santé et l'éducation. D'autres doivent accepter deux jobs ou plus pour s'offrir le minimum pour survivre.

En Avril 1989, en plein essor de la détente entre les USA et l'URSS et peu de temps après l'effondrement spectaculaire du Rideau de Fer qui séparaient les sphères d'influence en Europe, le magazine *Partage International* publia un commentaire de Maitreya, l'Instructeur Mondial, à travers l'un de ses proches collaborateurs : « ces dernières années, nous avons connu une réduction des guerres et des conflits se déroulant dans le monde à mesure que les super-puissances se retiraient de leur politique de ventes d'armes pour atteindre leurs objectifs et défendre leurs intérêts. L'énergie qui conduisait les soldats sur le champ de bataille et remplissait le ciel d'avions de guerre a été coupée.» Toutefois, l'Instructeur Mondial continue en disant que l'énergie a trouvé un nouveau terreau dans la commercialisation créé par les forces du marché: «l'économie est devenu le nouveau credo des super-puissances, qui est l'essence de la commercialisation. Elle représente une sérieuse menace pour le monde, de nature à compromettre la vie de l'homme. L'attribut de la commercialisation est la cupidité, et elle affectera toutes les nations. Cette énergie négative, qui s'est rétractée des champs de bataille, est une force aveugle ou sans esprit. Elle créera un monde plein d'hostilité. Mais bien que les politiciens pensent que la commercialisation est le futur de l'humanité, ils ne peuvent contrôler cette énergie. (...) Une nouvelle bataille se met en place sous nos yeux qui ne pourra être gagnée qu'à la condition que les mentalités se détachent de cette énergie négative. Seule une prise de conscience peut stopper cette énergie. Les gens se battront pour leur survie si la commercialisation compromet le bien-être et la santé de l'humanité. Cette situation explosera tel un volcan.»[34]

Depuis cet avertissement, plusieurs krachs se sont déclenchée, avec en particulier, l'éclatement de la bulle internet en 2000. Plus sérieusement encore, en 2008, le système financier mondial fit face à un effondrement total, suite à la spéculation effrénée des banquiers, dont la motivation principale était de faire gagner le plus d'argent possible à leur société pour toucher des gros bonus. L'effondrement de la banque Lehman Brothers aux USA se propagea au système financier global et les principales banques de la plupart des pays occidentaux ont du être renflouées pour empêcher une réaction en chaîne qui aurait réduit le système financier à ce que les experts savent être - un château de cartes, qui ne tient plus debout. Cette crise bancaire provoqua rapidement une crise dans l'Union Européenne, qui, à son tour, se mua en crise de la dette et en crise budgétaire pour de nombreux états membres quand les USA et l'UE décidèrent d'allouer des lignes de crédit pratiquement illimitées pour renflouer les banques privées. Celles-ci avaient été autorisées à prendre des risques illimités du fait de l'abandon par les gouvernements de toutes règles de prudence. Bien que le renflouement ait donné l'apparence d'écarter le secteur financier du gouffre, les affaires suivent leur cours comme avant, en dépit des avertissements grandissants des observateurs et des analystes d'une plus grande implosion en 2015 ou 2016, puisqu'aucune des causes de la crise n'a été traitée. En conséquences, de nombreuses personnes continuent de souffrir pour avoir été désignées comme débiteur de ces injustices systémiques.

Les lecteurs seront sans doute intéressés de savoir que, sur ce point,

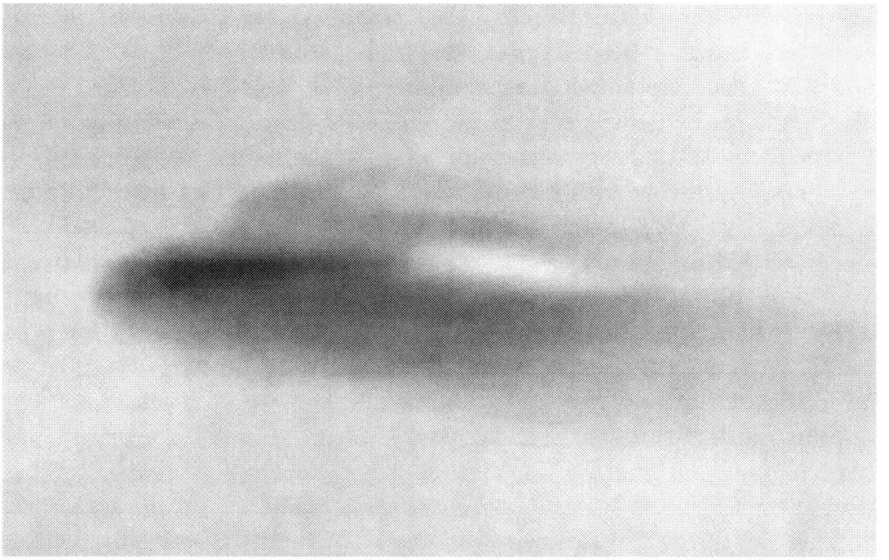

Ci-dessus : Soucoupe volante photographiée à bord du vol AF980/MK045 de Paris à l'Ile Maurice à l'aéroport de Charles de Gaulle, lors du décollage, en Octobre 2010. Ci-dessous: Soucoupe volante photographiée par le médium hollandais Robbert van den Broeke, au dessus d'un agroglyphe dans un champ de blé à Standdaarbuiten, aux Pays-bas le 27 Juillet 2009. (Photo: © Robbert van den Broeke)

les gens de l'espace que Buck Nelson rencontra en 1952 avaient peu de considération pour les spéculateurs: « certaines de nos façons de gagner sa vie seraient absolument inacceptable pour eux. L'une d'entre elles est de faire de l'argent avec l'argent de si nombreuses manières.»[35] Les contacts de Truman Betherum lui dirent la même chose en 1955 : « Si nous faisions de même sur Clarion, cela n'aurait pas grand intérêt; nous aurions de belles demeures et des bidonvilles comme vous.»[36]

Nous n'avons pas seulement des bidonvilles mais aussi de très nombreux sans-abris. Rien qu'aux États-Unis, le nombre officiel émanant du Département du Logement et du Développement Urbain dépassait les 570 000, mais le Département de l'Éducation donnait le chiffre de 1,3 millions d'enfants sans-abris en 2013.[37]

Pour montrer en quoi exactement les gens de l'espace ont raison de souligner le manque d'éthique de notre civilisation développée, il semble que le fait d'être sans-abri est si disgracieux, qu'un article de journal d'Octobre 2014 montre qu'aux USA: « de [n]ombreuses villes ont choisi de punir criminellement les gens dans la rue de faire ce que tout être humain doit faire pour survivre...» Un des exemples donné dans cet article concerne un sans-abri nommé Gil et la stupéfiante amende pour infraction au trafic qu'il reçut à Fort Lauderdale, en Floride : « Dans ses mains étaient notifiés une citation de la police rédigée quelques semaines auparavant : 'assis sur le bord du trottoir, ses pieds touchaient la route, les 'Pieds sur la Route sont une cause de Perturbation du Traffic', lisait-il.» De surcroît, le 22 Octobre 2014, la Radio Publique Nationale rapportait que, depuis janvier 2013, 21 villes américaines avaient promulguées des mesures « afin de contraindre les personnes qui nourrissaient les sans-abris à ne plus le faire». Soit en introduisant une réglementation de la voie publique ou en exigeant que ceux qui préparent la nourriture disposent d'un permis de manipulation de la nourriture.[38] Trois jours après l'application de cette ordonnance, Arnold Abbot, 90 ans, qui avait l'habitude de nourrir les sans-abris de la plage publique depuis 23 ans, fut arrêté.[39] Un lecteur de l'article sur le web fit un commentaire poignant: « Jésus serait mis en prison s'il venait aux USA.». Cela fait écho à la remarque de George Adamski, qui, en 1958, se posait la question : « Quel sort serait réservé à Jésus s'il revenait sur Terre en accomplissement de la Prophétie Biblique ?»[40]

Il est exaspérant de voir comment l'injustice est reportée sur ceux qui tentent de réparer l'injustice, mais nous devons en être conscient, nous devons 'vouloir' la voir. Comme Enrique Barrios le dit, nous devons nous lever pour la justice. Il y a d'innombrables autres exemples. L' Espagne est l'un des pays européens les plus durement touchés par l'austérité. Le chômage des jeunes dépassait les 50% début 2015.[41] L'association Catholique Caritas à elle seule a distribué nourriture, vêtements et aide à 2,5 millions de personnes, soit 1 espagnol sur 20.[42] Des statistiques semblables, ou même pire, existent pour l'Italie, le Portugal, l'Irlande, et la Grèce. La vague de privatisation, initiée dans les années 80, fut imposée à ces pays par l'UE et la Banque Mondiale comme condition des prêts d'urgence pour faire face à la crise de l'euro, causée par la crise bancaire. Au moment où cet article est écrit en [Juillet 2015] , la courageuse lutte du peuple Grec contre l'imposition des mesures d'austérité qui resserrera l'emprise des créditeurs européens et du FMI est mise en échec par l'accord de dernière minute avec le gouvernement Grec pour garantir un renflouement bien nécessaire.

Toutefois, les commentateurs dénoncent les privatisations et l'arnaque qui consistait à faire croire qu'elles apporteraient une plus grande liberté. Pour illustrer cette énorme déséquilibre en faveur de la santé des entreprises contre la justice sociale, voici quelques éléments clefs tirés d'un article d'Owen Jones basé sur son livre *The Establishment – And how they got away with it*: « Plus de 1 000 milliards de livres d'argent public ont été injectés dans les banques lors de l'effondrement financier. L'enveloppe d'urgence ne fut assortie d'aucune condition, ni de compte à rendre, par les gouvernements. (...) En 2012, 2 714 banquiers ont perçus une rémunération de 1 million d'euros - 12 fois plus que dans tout autre pays de l'UE.» Dans le même temps, « les programmes d'austérité , qui suivirent la crise financière, ont érodé les aides de l'État pour ceux qui sont à la base de la société. L'aide restante fut soumise à des conditions plus drastiques. Les 'sanctions sur les allocations' furent décidées sous la forme de suspensions temporaires, souvent pour des raisons arbitraires ou infondées. Selon le gouvernement, 860 000 bénéficiaires furent sanctionnés entre Juin 2012 et Juin 2013...Selon le Trussel Trust, le plus grand et unique fournisseur des banques alimentaires, plus de la moitié des bénéficiaires de cette aumône était dû à des baisses ou des sanctions sur leurs allocations.»[43]

Une histoire déchirante fut publiée dans un journal, qui concerne un Anglais âgé de 50 ans qui souffrait du diabète. Il avait travaillé pendant 24 ans et venait de perdre son chômage. Il a été trouvé mort avec une pile de CV qu'il avait imprimé pour des offres d'emploi qui gisaient à côté de lui. Le centre d'emploi du 'Department for Work and Pensions' prétendait que sa recherche d'emploi n'était pas assez sérieuse. Suite au resserrement de la politique d'indemnisation sociale en Octobre 2012, il avait été sanctionné. Selon l'article, sa sœur la plus jeune, qui avait découvert le corps, constata que «son électricité avait été coupée. En conséquence le frigo où l'insuline était conservée n'était plus efficace. Il ne restait plus de nourriture à part six sacs de thé, une boite de sardine périmée, et une conserve de soupe de tomate. Sur son forfait téléphonique, il n'y avait que 5 pence et 3,44 livres sur son compte en banque. L'autopsie montra que son estomac était vide.»[44] Cela ne fut malheureusement pas un cas isolé. De fait, l'organisme de contrôle statistique a contacté le 'Department of Work' pour l'appeler à fournir des informations claires après qu'il ait retardé la parution des statistiques sur le nombre de bénéficiaires ayant perdu la vie suite à l'arrêt ou la suspension de leur indemnisation.[45]

Ce n'est pas là toute la faillite morale de notre présent système, écrit Owen Jones: « une grande partie du secteur public est devenu une source de profit pour les entreprises privées. Selon le 'National Audit Office' (NAO), environ la moitié des 187 milliards de livres de la dépense publique en biens et services est affectée aux contractants du secteur privé. (...) En 2012, 4 milliards d'impôt étaient engloutis dans les comptes des plus grands groupes privés...» alors que «l'évasion fiscale, une pratique effrénée dans les sociétés et dans l'élite des riches qui bénéficient du soutien de l'état,» se compte en milliards de livres sterling.

Tandis que ces chiffres concernent le Royaume Uni, la situation aux USA n'est pas fondamentalement différente, et n'est pas beaucoup mieux dans les autres pays occidentaux. D'où la conclusion de M. Jones: « la sécurité sociale pour les pauvres est mise en lambeaux, dépouillée, de plus en plus soumise à conditions. Mais les prestations sociales pour les grandes sociétés et les riches individus sont octroyées comme jamais auparavant. La question n'est pas juste de déterminer si cela est injuste : la question est si cela est soutenable.»[46]

Encore une fois, la prévision des visiteurs de l'espace est étonnante. Stefan Denaerde écrit au sujet des perspectives communiquées au milieu des années 60 : « la propriété personnelle est une indication d'un niveau de culture très primitif. Nous sommes assez intelligents pour construire des fusées, mais pas assez pour comprendre que 'la loi de survie du plus doué et du puissant est correcte' doit être abolie. Je me disais que je pouvais leur expliquer comment je pensais que nous pouvions survivre dans un tel système. Car, bien que notre système soit hautement intéressant, ce qu'ils ont découverts c'est que la discrimination dépassent tout ce qu'ils ont vu jusqu'à présent. Les Terriens semblent être continuellement occupés à penser à de nouvelles discriminations, et les utilisent pour résoudre celles qui existent déjà.»[47]

A présent que les inégalités engendrées par le système économique mondial touchent les gens des pays développés comme ceux des nations en voie de développement, les manifestations augmentent tout autour du globe. Dans de nombreux pays d'Europe du Nord, où, jusque là, le reliquat des mesures sociales égalitaires des années 60 et 70 ont fait bouclier aux effets des mesures d'austérité, l'insatisfaction du public envers la classe politique s'exprime à présent principalement par la 'peur' de l'autre visant les immigrants et les réfugiés, car il sont perçus comme une menace contre la sécurité sociale de leur pays. Tandis que la xénophobie n'est certainement pas absente des pays d'Europe du Sud, certains d'entre eux ont connu une rapide montée de nouveaux courants politiques. En Grèce, une large coalition fut formée sous le nom de Syriza et fut portée au pouvoir aux élections de Mars 2015. En Espagne, le nouveau parti politique Podemos, issu du mouvement de protestation les 'Indignés' en 2009, est sur le point de remporter une victoire électorale majeure aux élections parlementaires, malgré le vote de mesures anti-manifestations draconiennes pour infléchir la courbe des protestations anti-austérité.

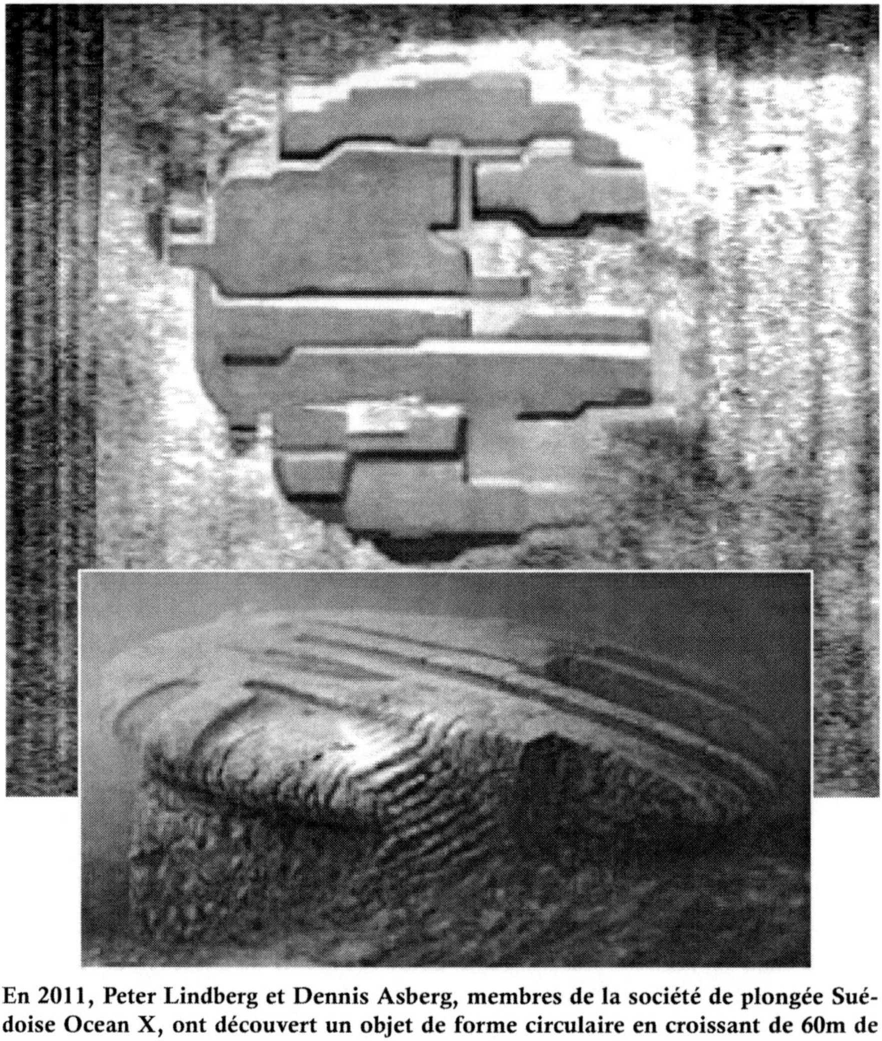

En 2011, Peter Lindberg et Dennis Asberg, membres de la société de plongée Suédoise Ocean X, ont découvert un objet de forme circulaire en croissant de 60m de diamètre et 4m de haut, à la fin d'une traînée de 1,5 km à 90 m de profondeur dans la mer Baltique. Un disque plus petit a été également découvert à environ 400m de distance.

Selon l'information communiquée par Benjamin Creme (magazine *Partage International* Juillet/ Août 2012), les deux objets sont des répliques de vaisseaux Martiens, qui ont été délibérément largués par les Frères de l'Espace. (En médaillon, rendu en 3D artistique de Hauke Vagt; http://thebalticanomaly.se

Ainsi cette 'liberté' que la commercialisation était supposée nous apporter est en fait asservissante. Depuis les années 80, le slogan des gouvernements a été que pour accroître la richesse d'un pays, les plus riches devaient être autorisés à utiliser leur richesse pour eux-mêmes, puisque la richesse engendre la richesse. Bien que n'étant fondée sur aucune théorie économique, les gouvernements ont mis en œuvre les politiques de réduction des taxes et de subventions à des industries majeures, même si elles sont déjà obsolètes, comme l'armement, les combustibles fossiles et l'industrie nucléaire. Aucune société sur Terre n'échappe à présent aux conséquences nuisibles et dangereuses d'une officialisation de telles discriminations entre les riches et les pauvres. Pourtant, les visiteurs de l'espace nous avaient déjà avertis contre une telle ségrégation sociale. En effet, M. Denaerde écrivait en 1965, lorsque c'était loin d'être une évidence pour nous: « la loi naturelle la plus dangereuse gouvernant le développement de gens intelligents: une société hautement technologique élimine toute discrimination ou s'autodétruit. Vous fournir davantage d'informations techniques à des gens comme vous serait un crime contre les lois cosmiques.»[48]

Les dangers soulignés ici reposent sur le fait que nous considérons la compétition comme la pierre d'angle pour structurer notre mode de vie. Comme M. Denaerde le dit: « le comportement égoïste des masses qui prennent tout ce qu'il y a à prendre, empêche le travail pour le bien commun - de créer par exemple, une planète propre où l'équilibre de la nature sera préservée indéfiniment. Il est aussi impossible de limiter l'utilisation des ressources naturelles pour le salut des générations futures, car une personne égoïste est incapable de céder quelque chose à autrui.»[49]

Les propos d'Ami, le personnage principal d'Enrique Barrios viennent en résonance lorsqu'il dit : «le problème ne vient pas des gens mais du système qu'ils utilisent. Les gens ont évolué, mais les systèmes sont restés en retard. Les mauvais systèmes causent de la souffrance. Ils rendent les gens malheureux, ce qui finalement les rend mauvais. Un bon système d'organisation globale peut aisément changer le mal en bien.»[50] Comme pour confirmer les déclarations faites par les contacts de l'espace de Denaerde, Ami dit: «…avec la bonne information et la bonne stimulation, au sein d'un système approprié d'organisation sociale, les gens cessent d'être irréfléchis - ils cessent de faire du 'mal'. En conséquence, la police n'est plus nécessaire.» Quand son jeune ami lui répond: «Incroyable !», Ami rétorque: «Pas vraiment. Ce qui est incroyable, c'est que dans votre monde des frères tuent leurs frères…»[51]

Dans notre système mondial actuel, Ami observe que les meilleurs sont récompensés, tandis que «les autres sont humiliés et les égos des vainqueurs enflent…» Mais, il explique que gagner signifie être plus que les autres, encore la compétition, l'égoïsme, la division. La compétition devrait être contre soi-même, de se surpasser soi-même et non contre les autres frères et sœurs. Ces choses n'existent pas dans les mondes évolués et maternels, car en cela réside les germes de la guerre et de la destruction.»[52] Dans son article sur le vraie but de l'éducation, l'éducateur Américain Alfie Kohn a fait une distinction tranchante en disant: «L'engouement de nos sociétés pour le mot compétitivité… exacerbe le problème en encourageant la confusion entre deux idées différentes : l'excellence et la quête désespérée du triomphe sur les autres.»[53] Georges Adamski a émis une idée très similaire en 1965 quand on lui posa cette question, «sans la compétition comme elle existe sur Terre, est ce que toute initiative ne serait pas étouffée ?» Sa réponse fut: « Non, à tout le moins, elle serait stimulée. La libre entreprise serait toujours une libre entreprise… L'esprit de compétition peut être facilement remplacé par le désir personnel de faire de son mieux en fonction de ses capacités.»[54]

Au sujet de la 'saine compétition', l'ésotériste Benjamin Creme l'appelle la rationalisation: «La saine compétition a pour effet de diminuer le prix d'un produit…Il n'y a aucun avantage à créer un produit moins cher au moyen de la compétition de centaines de sociétés qui produisent toutes la même chose, si ce produit diminue la qualité de la vie.(…) Vous ne pouvez établir le coût d'un produit en l'indexant uniquement sur le dollar; Vous devez regarder aussi les conséquences sociales de sa production. Est-ce qu'il est juste de piller et gaspiller les ressources nécessaires pour construire cent types différents d'automobiles, des tuyaux d'écoulement, de portes, ou tout autre chose, de façon à obtenir le prix le plus bas possible, si le coût global social et écologique est dévastateur ? (...) 'la compétition saine' produit tout en excès, et ensuite les fabricants se font la compétition pour les vendre. Cependant, nous ne pouvons pas tout acheter. C'est ici que le mythe du choix entre en jeu.»[55]

Stefan Denaerde relate l'opinion de ses contacts de l'espace sur ce que nous faisons sous le terme de 'publicité' ou 'relations publiques' pour convaincre les consommateurs de choisir un produit ou un service au détriment d'un autre. C'est à leur yeux à la limite de l'indécence: « un flot continuel d'apparentes nouveautés nous obligent, dans une société orientée sur le statut symbolique, à nous débarrasser de nos produits avant leur fin de vie. Il s'agit là d'un terrible gâchis de matières premières et de capacité de production. Pire encore, cela excite la jalousie et la cupidité. C'est criminel. La promotion du matérialisme, un danger mortel pour toute race intelligente, est directement opposée à toute idée de justice.» Ce n'est pas tout, mais nos publicités sont vues par les visiteurs de l'espace comme «une forme de propagande méprisable qui est éthiquement inacceptable. Dans une société socialement stable, vous n'avez pas seulement la liberté de parole, mais aussi la liberté de pensée qui est encore plus importante. La propagande qui consiste à présenter une information sous un seul angle est une atteinte à la liberté de penser, et cela est une discrimination inacceptable.»[56]

L'investigateur d'ovni et contacté Canadien Wilbert B. Smith fournit un autre exemple édifiant qui illustre depuis combien de temps nous luttons avec les mêmes problèmes. Dans son article 'The Battle of Man's Mind', il écrit «...quelques soient les efforts que nous mettons à développer un mental fort et notre individualité, nous sommes tous subtilement influencés par la communication écrite et parlée et par les autres formes de communication, particulièrement par l'intermédiaire des livres et des journaux, de la radio et de la télévision. Dans ce dernier domaine, comme les sponsors le savent si bien, les publicités jouent un rôle important dans le façonnement de nos mentalités pour acheter certains produits. Dans notre vie sociale et professionnelle, nous chancelons souvent devant les opinions des autres. Certaines personnes sont trop apathiques pour se former une opinion par eux-mêmes et embrassent les vues d'autrui quand elles sont plus argumentées que les leurs. (...)

Dans le domaine de la politique, si souvent enclin à de grandes distorsions pour gagner des suffrages, les plus fortes pressions sont au nivellement par le bas et nous sommes souvent influencés par les apparentes convictions rhétoriques des politiciens rusés. Mais c'est dans le domaine de la politique internationale où les dangers sont les plus grands, car les enjeux sont élevés et la soif de pouvoir la plus grande.»[57]

Dans le contexte de ce chapitre, le déclenchement de la Guerre en Irak (2003-2011) par les USA et l'UK sur des fausses accusations d'implication de l'Irak dans l'attaque terroriste du World Trade Center, à New-York en 2001 et du stockage des armes de destruction massives en est la parfaite illustration. Malgré la condamnation par des marches mondiales sans précédent rassemblant 12,5 millions de personnes face à l'imminence de l'invasion[58], cette guerre, dont le but réel était de prendre le contrôle des réserves de pétroles de l'Irak à bon compte, fut rebaptisée 'coalition des volontaires' pour apporter la démocratie et la liberté au son du canon.

Comme ce chapitre le montre, le principe de compétition est devenu si dominant que nous l'acceptons, à notre détriment, comme un 'fait de vie'. Dans le domaine du travail, des millions de personnes dans tous les pays ne peuvent trouver du travail qu'en dessous des salaires minimaux. Du fait que nous révérons la compétition et les prix bas, nous sommes en compétition pour les jobs à des salaires minima, qui n'offrent même pas la possibilité de vivre décemment à moins d'être disposé à avoir deux ou trois jobs sans moment de relaxation, et encore moins de temps pour le développement personnel ou la réalisation de soi.

La séparation entre les (relativement) riches et les misérables qui divisaient le Nord et le Sud, pendant des décennies, divisent maintenant chaque nation. Les migrants de tous les coins du monde revendiquent la possibilité d'entrer dans les pays où ils pensent pouvoir gagner leur vie en acceptant un travail précaire que les natifs jugent trop bas. Cependant, aucune mesure bureaucratique, de papiers d'identités, de restrictions internationales ou nationales sur l'immigration ou même les murs et les mers ne semblent pouvoir stopper ces frères et sœurs de réclamer leur droit à une vie plus décente.

Beaucoup d'entre nous, particulièrement des élus, sont encore convaincus par idéologie ou par attrait du pouvoir ou de la richesse, en quittant leur bureau, que plus de libertés pour les compagnies privées est la clef d'une vie meilleure pour ceux qui sont à la base. C'est ainsi que la liberté est confisquée et l'injustice grandit pour ceux qui ne sont pas assez riches pour 'acheter' ces 'marchandises' disponibles sur le marché. Ainsi, avec les efforts de libéralisations des pays endettés comme la Grèce et Puerto Rico récemment, qui placent les intérêts des sociétés au-dessus de la sécurité sociale et qui introduisent des libertés toujours plus grandes pour les multinationales au prix des processus démocratiques sous la forme d'accords commerciaux TTIP et TTP, il ne serait pas surprenant qu'il faille encore un effondrement complet de notre système financier et économique pour qu'assez de personnes reconnaissent le besoin de se lever contre les inégalités, les injustices et l'esclavage économique sur une échelle globale.

Le Maître de Benjamin Creme le dit de manière éloquente : «le mercantilisme, cette florissante mais furtive menace, souvent dissimulée, contrôle désormais la vie et la destinée d'innombrables millions de personnes. Elle réduit à un matricule l'individualité de l'homme qui est un don de Dieu. Les gens sont maintenant des statistiques sans but et sans besoins, des pions sur l'échiquier des forces du marché et des profits des entreprises.»[59]

Cependant, comme l'un des six hommes à bord du vaisseau-mère Saturnien a dit à George Adamski: «il n'y a que la vie *Une*. La vie inclut tout, et tant que les hommes sur Terre ne comprendront pas qu'ils ne peuvent servir ou vivre deux vies, mais seulement une, ils opposeront sans cesse l'une et l'autre. C'est là une vérité majeure qui *doit* être apprise par tous les hommes sur Terre avant que votre monde ne puisse être en adéquation avec les autres planètes.»[60]

Ayant perdu de vue l'unité de toute vie, et même l'unité des frères et sœurs de l'humanité, nous nous sommes convaincus de notre séparation avec le Créateur, avons perdu la connexion avec notre planète, l'essence de notre être, de nos âmes; nous nous sommes dressés les uns contre les autres, et avons transformé la vie en compétition pour la survie. Selon les mots du Maître Saturnien, qu'Adamski a eu le privilège de rencontrer lors de sa première visite à bord du vaisseau-mère en Février 1953: « Tant que vous vivrez de cette façon, divisé les uns contre les autres, vos peines seront démultipliées. Car lorsque vous cherchez après la vie de votre frère, quelqu'un d'autre cherche après vous. C'est le sens des mots de Jésus de Nazareth. Rappelez vous qu'il a dit: «remets cette épée à sa place: car tous ceux qui auront pris l'épée, périront par l'épée» La vérité de ses paroles a été prouvée dans toute l'histoire de l'homme sur Terre.»[61]

Jusqu'à présent, nous avons dévasté l'environnement même dont dépend notre existence. Dans son interview sur BTV, la chaine privée numéro 1 en Bulgarie, en 2012, le Professeur Lachezar Filipov, qui dirige maintenant un projet de recherche international sur les agroglyphes, dit que des personnes sont payées pour faire des faux et engendrer ainsi la confusion « de sorte que l'information n'est pas prise au sérieux». Il déclare sans réserve que c'est la raison pour laquelle les intérêts des énergies fossiles continuent à détruire la planète. Si nous avions la preuve que les extraterrestres existent, cela signifierait qu'il existe d'autres alternatives à notre développement technologique: «le monde des affaires préfèrent nous faire consommer ce que nous avons sur Terre pour que ceux qui en tirent profit continuent à engranger de l'argent. Si, par exemple, nous avions accès à l'énergie pure, le gaz, le charbon et autres combustibles fossiles tomberaient dans l'oubli...»[62]

En final, on a dit au contacté Brésilien Dino Kraspedon que la technologie des soucoupes volantes peut «conduire l'homme à sa complète libération et à l'affranchissement des liens 'patriotiques' qui le ligotent, et à la réintégration de son droit de diriger sa vie, dont un ordre social erroné l'a privé. L'emprise des différents 'ismes' l'a conduit à un clash d'intérêts criminels et non fraternels. Les réserves de pétrole de la Terre s'épuisent. Les gisements de matériaux fissiles prendront fin. A cause de la déforestation, les rivières et les chutes d'eau s'assécheront. Mais, la pression atmosphérique sera toujours présente.»[63]

Vu la confusion régnante sur la nature et le but de la vie, il n' y a pas de surprise à ce que nous ayons perdu le contact avec les humanités sur les autres planètes dans le reste du système solaire, perdu de vue leur réalité et par la même nous imposer une isolation cosmique. En Février 1953, le Maître Vénusien dit à Adamski: «nous vous donnerions volontiers accès à cette connaissance [annuler la gravité] qui nous a si bien servi. Sauf que vous n'avez pas appris à vivre les uns avec les autres en paix et en fraternité, pour le bien-être de tous vos semblables, comme il en est ainsi sur les autres monde.»[64]

Au demeurant, en l'état actuel, le Maître Vénusien continua, «si nous révélions ce pouvoir à toi ou à tout autre Terrien et qu'il devienne une connaissance publique, certains d'entre vous construiraient rapidement des vaisseaux pour voyager dans l'espace, les équiperaient de canons, et partiraient, pris d'une folie meurtrière, pour s'accaparer les possessions des autres mondes.» et «les Terriens ne seront pas autorisés à y venir en nombre ou à y demeurer tant qu'il n'auront pas appris à adopter la vie qui inclut tout, comme le vivent les gens des autres mondes, plutôt que la vie personnelle égoïste que l'on trouve sur Terre aujourd'hui.»

Nous donnons tant de prix à notre individualité que nous rejetons l'unité par peur de l'uniformité. Dans le climat politique actuel aux États-Unis, la simple suggestion de placer le bien commun au-dessus des libertés individuelles est vue comme une menace de Nazisme. Cependant, la poursuite de l'unité est intrinsèque à l'homme, ce qui commence par notre besoin d'appartenir à notre famille, un club de sport, une église, un parti politique, une nation etc. Ce que les démagogues, les individus avides de pouvoir, ou ceux qui les craignent, oublient c'est que cet élan naturel ne peut être couronné de succès que s'il est basé sur le respect des différences individuelles, puisque l'uniformité va à l'encontre de l'ordre naturel. Ainsi, le but devrait être l'unité dans la diversité, où la force du groupe s'enrichit de la contribution des talents de chacun.

Comme le contact Martien d'Adamski, Firkon a dit: « Nous qui venons des autres mondes, qui passons inaperçus en vivant parmi vous, pouvons voir clairement à quel point l'identification à votre origine Divine a été perdue.»[69] Les peuples de la Terre sont devenus des entités séparées qui ne sont plus véritablement humanistes dans leur expression comme à leur commencement. A présent, ils ne sont que des esclaves de leurs habitudes. Néanmoins, l'âme originelle demeure. Elle qui aspire à s'exprimer en accord avec son héritage Divin. Etant étouffée, cette aspiration doit nécessairement perturber l'homme enchaîné à ses habitudes. C'est pourquoi, le désir de s'exprimer avec plus de grandeur et de subtilité, suscite un élan venu du moi profond, qui plus souvent qu'il ne s'en rend compte, dérange et inquiète le moi qui s'attache aux habitudes. (...) [T]ant que l'homme ne parvient à rejeter les chaînes de son orgueil (...) il continuera à vivre en guerre contre les lois de son être essentiel.»[65]

Le Maître de Benjamin Creme, n'écrit pas pour rien en disant: « Le désert aride du monde moderne laisse les hommes privés de ce qui les rend humains : heureux, remplis de créativité, prompts à répondre aux besoins d'autrui, et libres. Une compétition mortelle ronge l'esprit humain et s'intronise comme juge de la 'bataille' pour la vie. La vie, la Grande Aventure, a été corrompue et remplacée par une lutte injuste et atroce pour simplement survivre.»[66]

Le Maître Vénusien explique les choses ainsi: « La compréhension des lois universelles élève et restreint simultanément. Comme il en est pour nous, il peut en être de même sur Terre. En élevant votre connaissance, cette nouvelle compréhension rend impossible toute violence contre vos frères. Vous sauriez que la même conviction, propre à chacun d'entre nous, de sentir qu'il détient le privilège divin de diriger sa vie et de façonner sa propre destinée, même si c'est par le chemin des épreuves et de l'erreur, s'appliquent également à tout groupe, toute nation ou ethnie humaine.»[67] Le vrai progrès, ajoute le Maître, «est le bonheur et s'étend tout au long du chemin vers le haut dès son commencement. Le bonheur rend l'homme un frère qui est tolérant envers les efforts des autres, même s'ils sont d'une nature différente des siens.»[68]

Etant auto-imposé, notre isolement cosmique n'en est pas pour autant permanent. Sa fin dépend de notre capacité à voir les choses en face et à nous reconnecter aux faits (spirituels) de la vie - ce qui nécessite une expansion de conscience par un nombre critique de personnes au sein de l'humanité. L' Instructeur Mondial met en lumière la clef pour mettre fin à notre confinement cosmique auto-imposé en disant: « Le crime de la séparation doit être extirpé de ce monde.»[69]

Il insiste sur la nécessité de donner expression à notre unité car c'est notre nature divine: « l'homme est un Dieu émergeant et il requiert, donc, la formation de modes de vies qui permettent à ce Dieu de s'épanouir. Comment pouvez-vous être satisfait de vos modes de vie actuels, quand des millions crient famine et meurent dans une misère noire, quand les riches paradent avec leurs richesses devant les pauvres, quand chaque homme est un ennemi pour son voisin, quand aucun homme ne fait confiance à son frère ? Pour combien de temps allez-vous vivre ainsi, Mes amis ? Pour combien de temps allez-vous tolérer cette dégradation ? »[70]

Comme pour la présence extraterrestre, nous avons tant de raisons pour nier la réalité des crises que notre façon d'organiser la société a créé. Le système financier et économique est usé jusqu'à la corde à force de colmater les trous et d'étayer la façade de structures qui s'effondrent, pour prix de notre entêtement à refuser d'accepter que nous sommes tous reliés. Comme ce chapitre le montre, les visiteurs de l'espace ont essayé maintes et maintes fois en remontant jusqu'aux années 50, de nous sortir de notre sommeil. Si l'on considère l'état du monde, de l'humanité, et de la planète aujourd'hui, il semble que nous soyons en bonne position pour un réveil final par nous-mêmes.

Addendum : Le nouvel ordre mondial est ce que nous en faisons

Avec son expérience d'homme d'affaires et quoique très impressionné par l'efficacité de la société de l'organisation de la société de la planète hôte, Stefan Denaerde réagit de prime abord avec frayeur : «Cette planète doit être sous gouvernement universel, mais visiblement si strict, que tout est planifié et standardisé. Quelle terrible perspective !»[71] Pareillement, Il est souvent opposé aux solutions globales à nos problèmes actuels, la peur de l'uniformité et de la monotonie, en pointant du doigt la terrifiante menace du Nouvel Ordre Mondial que l'élite est accusée d'essayer de nous imposer.

Dans mon live précédent, j'ai montré comment le terme de 'Nouvel Ordre Mondial' en tant qu'étiquette d'un monde Orwellien de contrôle étatique, de peur et d'oppression est impropre. En effet, l'érosion rapide des libertés civiles est à son point culminant à cause des politiques néolibérales introduites en réponse à l'appel à 'réduire le rôle du gouvernement' en assouplissant les réglementations et en octroyant de plus grandes libertés aux marchés et aux sociétés.[72] De toute évidence, si les limitations des sociétés et des individus les plus riches étaient supprimées, ils utiliseraient ce supplément de liberté pour renforcer leurs propres intérêts au détriment du reste de la société en influençant l'opinion publique mais également les élections, les procédés démocratiques et judiciaires.

Sans surprise, si on regarde l'origine du terme, on s'aperçoit qu'il désigne l'exact opposé de ce que les marchands de panique en font. Après la première guerre mondiale, le Président des États-Unis Woodrow Wilson argumenta en faveur de l'adhésion à la Société des Nations, ce qui eût été cruciale pour l'établissement d'un 'Nouvel Ordre Mondial' et aurait transcender les pouvoirs politiques traditionnels, renforcer la sécurité collective, la démocratie et l'auto-détermination. Quand le Sénat Américain rejeta cette adhésion, la Société des Nations ne tarda pas à faillir à ces objectifs et le terme 'New World Order' tomba en désuétude.

En Avril 1940, peu de temps après le déclenchement de la Seconde Guerre Mondiale, le Maître Tibétain Djwahl Khul (DK) écrivait, à travers Alice A. Bailey: «Ces deux forces - le matérialisme et la spiritualité - sont en pleine confrontation. Quelle en sera l'issue ? L'homme stoppera-t-il les forces du Mal et inaugura-t-il une période de compréhension, de coopération et de relations justes, ou continuera-t-il à dresser des plans égoïstes, dans la compétition économique et militaire ? Cette question doit recevoir une réponse claire des masses et par une attitude calme et sans peur des démocraties face à leurs défis.

«De tous côtés le besoin d'un nouvel ordre est reconnu. Les puissances totalitaires parlent d'un 'nouvel ordre en Europe '; les idéalistes et les penseurs échafaudent des schémas et des plans avec une vision entièrement nouvelle des conditions de vie qui mettra un point final au mauvais ordre ancien.»[73]

Il explique que les concepts de spiritualité et de matérialisme comme suit : «Tout ce qui tend vers la compréhension, la gentillesse, qui reflète la beauté et qui conduit l'homme à une expression plus complète de ses potentialités divines est spirituel. Tout ce qui mène l'homme vers un matérialisme plus profond, qui fait omission des valeurs morales, qui approuve l'égoïsme, qui met des barrières à l'établissement de justes relations humaines, qui nourrit l'esprit de séparation, de peur et de revanche est matérialiste.»[74]

Bien plus tard, l'investigateur Canadien Wilbert Smith arriva aux mêmes vues: «Les deux grandes forces impliquées dans l'effort d'influencer la pensée humaine peuvent être décrites comme *positives*, c'est à dire comme des pensées d'harmonie avec le concept d'amour de Dieu et de fraternité entre les hommes, et *négatives*, qui englobent les intentions anti-Christique pour obtenir le contrôle de l'humanité pour acquérir le pouvoir. Cette bataille pour l'esprit de l'Homme est engagée sur deux fronts, le physique et le métaphysique. L'enjeu est soit le salut spirituel, soit la destruction de l'homo sapiens.»[75]

A partir de cette distinction, le Maître DK a dit : «La Hiérarchie Spirituelle de la planète ajoute le poids de sa force contre les Forces [totalitaires] de l'Axe, tout autant que les personnes orientées spirituellement collaborent. Car, il ne peut y avoir de coercition du libre-arbitre humain.»[76] Il doit être clair, par conséquent, même aux théoriciens de la conspiration, que lorsque Winston Churchilll, par exemple, parlait d'un «nouvel ordre mondial», il ne faisait pas référence à un monde gouverné par une instance totalitaire.

La même année, en 1940, H.G. Wells publia son livre *The New World Order* dans lequel il discute la nécessité d'une organisation différente de la société, sur laquelle il déclara: «soit l'humanité s'effondre ou notre espèce lutte dans la direction certes difficile mais plutôt évidente que j'ai collationné dans ce livre pour atteindre un nouveau stade d'organisation sociale. Il n'y a guère de questions sur l'abondance, l'excitation et la vigueur de la vie qui sera promise à nos enfants par cet état supérieur, s'il est atteint. Il n'y a aussi aucun doute de leur dégradation et de leur misère si cela n'est pas le cas.»[77]

Clairement, c'est un triste cas de manipulation par le 'jargon' que d'étiqueter l'accomplissement de l'ordre existant comme quelque chose dont le monde a eu terriblement besoin depuis longtemps: un *nouvel* ordre.

Tout cela, bien sur, ne va pas sans dire qu'il n'y a pas d'élite globale dont l'objectif principal est de sécuriser et d'accroître sa richesse , son pouvoir et son influence de façon à perpétuer et achever leur contrôle sur la vie sur cette planète selon la conception qu'ils en ont. Et bien qu'il n'y ait pas la moindre preuve, de nombreuses personnes soupçonnent l'existence d'un 'agenda alien' sous une forme ou une autre derrière cette élite. S'il en est ainsi, alors 'alien' peut être pris dans le sens d'être étranger au cœur humain, et non dans le sens 'd'extraterrestre'. Georges Adamski tourne court à ses allégations: «Avec leur connaissance scientifique avancée qui leur permet de voyager dans l'espace, si ces gens [de l'espace] étaient hostiles, n'auraient-ils pas fait la conquête du monde depuis longtemps ? Donc, ont-ils fait le moindre pas dans ce sens ?»[78] Au lieu de cela, comme on l'a dit à Daniel Fry: « nous avons consacré un temps et une patience considérable dans l'effort d'allumer quelques lueurs parmi les nombreuses nations de votre planète. C'était notre espoir que la lumière de ces bougies deviennent si brillante qu'elle révélerait le terrible abysse vers lequel les gens de votre monde se précipitent aveuglément.»[79] «Nous ne tenterons jamais de vous imposer notre connaissance et notre culture et ne viendrons jamais vers vous à moins qu'il n'y ait de sérieuses preuves que c'est là votre souhait.»[80]

Orthon, le contact Vénusien d'Orthon apporta une confirmation supplémentaire: « Pour nous tous qui avons été éduqués, depuis la naissance, avec une vision d'ensemble, il est impensable de s'écarter de ce que nous savons être les lois universelles. Ces lois ne sont faites par aucun homme. Elles étaient là au commencement et se maintiendront pour l'éternité. Selon ces lois, tout individu, tout groupe humain, toute forme de vie intelligente sur chaque monde, doit décider de sa destinée sans interférence venant d'autrui. Oui au conseil. Oui à l'instruction. Mais interférer au point de détruire, jamais.»[81]

Adamski ajouta lui-même, par ailleurs: « gardons en mémoire que ces gens sont plus avancés que nous, et ont atteint ce stade uniquement en passant à travers et en sortant vainqueur des expériences que nous vivons actuellement. Ils comprennent les luttes qui sont les nôtres et de ce fait éprouvent une profonde compassion pour nous. Comme je l'ai répété de nombreuses fois, ils m'ont dit de nombreuses fois qu'ils ne souhaitent que nous aider – à la simple condition que nous les écoutions et que nous acceptions leur aide. Il n'ont aucune volonté de nous blesser ou de nous tromper. Cela engendrerait naturellement de la méfiance et déférait des années, voire des siècles de travail parmi nous.» [82]

En 1979, Benjamin Creme déclara que les contacts de l'espaces sont gouvernés par la loi et que malgré la venue de gens moins bien intentionnés d'autres planètes se soit produite, cela a été stoppé.[83] Wilbert Smith vient corroborer, cela sur la base de ses propres contacts, en disant :» [U]n grand nombre de frères de l'espace, dont la mission spécifique est de sauvegarder le salut spirituel et le progrès évolutif des Terriens, ont décidé de se regrouper pour former, ce que l'on pourrait appeler en termes terrestres, une 'force de police cosmique'. Ils ajoutèrent que le véritable rôle de toute force de police est purement défensif – c'est une mesure de protection conçue pour assurer la sécurité et le bien-être de la société dans son ensemble, le maintien de la loi et de l'ordre pour préserver cet objectif. (...)

«Ce rôle est principalement de deux ordres : premièrement, maintenir à distance les forces négatives de l'espace sidéral qui tentent d'injecter leur force négative supérieure aux terriens négatifs et à la limite du négatif; deuxièmement, s'assurer que tout visiteur de l'espace sidéral autorisé à visiter notre monde, observe strictement les lois cosmiques de non-interférence et de non- violence envers les habitants de la planète Terre.»[84]

Parmi ceux qui prennent la responsabilité de dénoncer, sans avoir besoin de blâmer une force externe, ce que nous avons permis de se produire sur notre planète, figure le Pape François. Lors de sa récente visite en Bolivie, Il a condamné le capitalisme sauvage comme le 'fumier du diable', en disant : aucun pouvoir actuel ou établi n'a le droit de priver les peuples du plein exercice de sa souveraineté. Toutes les fois que cela se produit, nous observons une montée des nouvelles formes de colonialisme qui causent de sérieux torts aux possibilités de paix et de justice. Le nouveau colonialisme prend de nouveaux visages. Certaines fois, il se présente sous l'influence de Mammon: les grandes sociétés, les agences de prêt, certains traités de libre-échange, et l'imposition de mesures 'd'austérité' qui obligent toujours les pauvres et les travailleurs à se serrer la ceinture.»[85]

Pour beaucoup, cela peut sembler un appel au socialisme. Ce que nous devons garder en mémoire est qu'il s'agit là d'un simple terme, qui en lui-même n'est ni bon, ni mauvais. Il nous rappelle les expériences des sociétés socialistes qui furent (très) loin d'être parfaites par leurs manquements aux libertés individuelles. Comme les contacts de Stefan Denaerde lui dirent: «Il est regrettable que l'idéal communiste se soit perdu par inefficacité, autrement il aurait pu faire beaucoup de bien. C'est un cas de figure d'économie sous contrôle étatique confondue avec la propriété partagée en commun.»[86]

Cependant, il est bon de se rappeler, qu'en l'absence de contrôle et de contre-pouvoir, le système capitaliste, tant louée, laisse également une grande majorité des gens sur le bord de la route, ne serait-ce qu'en termes de libertés individuelles dans les pays dit 'riches'. Il s'avère une formidable menace à notre survie à cause du gâchis de talents humains et de l'exploitation outrancière des ressources naturelles. Sans surprise, les contacts de M. Deanerde considèrent avec dédain le système capitaliste.[87] En effet, ils disent : «Notre système économique universel peut être comparé aux deux systèmes communiste et capitaliste occidental. On peut dire aussi que notre économie cosmique ne peut pas être comparée à aucun d'entre eux.(...) C'est seulement par ce système que l'humanité peut atteindre un niveau culturel et social stable. Et à partir de là, vers l'immortalité. C'est une condition cosmique, basée sur les lois naturelles.»[88]

Ainsi, sauf à penser que la justice universelle est mauvaise, ou est un concept erroné, elle n'est certainement pas non-démocratique, non-chrétienne, non-bouddhiste, non-socialiste- ni même non-libérale.

Georges Adamski a déclaré que les visiteurs de l'espace ne soutiennent aucune forme spécifique de société sur Terre par rapport à une autre: «apporter un tel soutien reviendrait à se conformer à notre habitude de division. Ils ne reconnaissent aucune sorte de fausses divisions. Ils comprennent que la Vie est éternelle, et que chaque personne est née pour remplir une destinée précise. Chacun doit tirer les leçons de ses propres expériences sur le parcours de la vie. (...) Par conséquent, tous sont respectés identiquement. Il n'y a donc pas de préférences.»[89]

Lorsqu'il a été contacté en Juillet 1950, on dit à Daniel Fry quelque chose de très similaire: «Les tensions politiques qui existent maintenant entre les nations doivent se relâcher. Dans les conditions actuelles, si l'une ou l'autre des nations dominantes sur Terre devait atteindre une supériorité scientifique déterminante, une guerre d'extermination serait déclenchée à coup sûr. Nous ne sommes pas la pour donner assistance à aucune nation pour faire la guerre mais pour stimuler une progression qui éliminera les causes de conflit entre vos peuples.»[90]

Même en plein milieu de la Guerre Froide, Georges Adamski n'était pas dérangé quand les opinions de ses contacts de l'espace d'une société juste la désignaient comme 'socialiste'. Il disait: «Je ne sais pas ce que le Socialisme est supposé représenter. Le terme social signifie être agréable et respecter votre prochain. Jésus enseigna l'égalité composée de talents multiples; les gens de l'espace vivent selon la Loi Cosmique et non selon les 'ismes' que nous proclamons.»[91]

Selon Benjamin Creme, les Maîtres de Sagesse « considèrent que la relation idéale pour une solide cohésion sociale et la justice se fonde sur un système à 70% socialiste et à 30% capitaliste.»[92] On peut être certain que les Maîtres ne se réfèrent pas aux systèmes imparfaits dont nous avons été témoins dans l'Histoire (récente), mais aux concepts originaux qui se trouvent à la base de chaque grande religion et écoles de pensée. De plus, selon le Maître Tibétain DK, même de nos jours « la vraie démocratie est inconnue, et les masses populaires dans les pays démocratiques sont tout autant à la merci des politiciens et des puissances financières que le sont les peuples sous la férule des despotes éclairés ou non-éclairés."[93]

Dans le but d'une société plus juste, le Maître Vénusien nous rassurent: «[I]l y a des degrés de perfection comme il y a des degrés dans toutes choses. Dans nos mondes, nous sommes heureux mais nous ne stagnons pas. Dès que nous atteignons le sommet d'une colline, une autre se dévoile, ainsi nous ne cessons de progresser. La vallée qui s'étend entre les deux doit être traversée avant de gravir le prochain sommet.»[94]

En bref, si nous prenons nos responsabilités face à ce qui se produit sur notre planète et dans nos vies – inspirés et guidés par nos Frères Aînés, les Maîtres de Sagesse – tout nouvel ordre mondial sera celui que nous ferons, et les Frères de l'Espace nous ont fait savoir que nous pouvons compter sur leur aide dans la mesure où nous l'acceptons.

Notes

1 Stefan Denaerde (1977), *Operation Survival Earth*, p.16
2 Ibidem, p.15
3 Benjamin Creme (ed., 2011), Magazine *Partage International*, édition anglaise Vol.30, No.8, Octobre, p.22
4 Interview avec le Dr Edgar Mitchell in Nick Margerrison (2008), The Night Before, Kerrang! Radio, UK, 23 July. Lien internet : <www.youtube.com/watch?v RhNdxdveK7c>
5 Enrique Barrios (1989), *Ami, Child of the Stars*, p.19
6 Ibid., p.25
7 Ibid., p.20
8 George Adamski (1957-58), *Cosmic Science for the Promotion of Cosmic Principles and Truth – Questions and Answers*, Series 1, Part 2, Question #40
9 Stefano Breccia (2009), *Mass Contacts*, p.172
10 Ibid., p.192
11 Maitreya, dans Creme (ed.; 1992), *Messages de Maitreya le Christ*, Message No. 11, 5 Janvier 1978
12 Adamski (1957-58), op cit, Part 5, Question #99
13 Barrios (1989), op cit, p.100
14 Denaerde (1977), op cit, p.138
15 Barrios (1989), op cit, p.20
16 Adamski (1955), *Inside the Space Ships*, p.137
17 Daniel Fry (1954a), *A Report by Alan to Man of Earth*, comme réédité dans Fry (1966), *The White Sands Incident*, p.88
18 Ibid., p.80
19 Orfeo Angelucci (1955), *The Secret of the Saucers*, p.33
20 Oxfam (2015), 'Richest 1% will own more than all the rest by 2016'. Lien internet :<www.oxfam.org/en/pressroom/pressreleases/2015-01-19/richest-1-will-own-more-all-rest-2016> [Atteint le 14 Avril 2015]
21 Creme (ed., 2005), *Les Lois de la Vie*, édition anglaise p.109
22 World Economic Forum (2014), *Outlook on the Global Agenda* 2014, Chapitre 2, Widening income disparities', p.12a. Lien internet :<www3.weforum.org/docs/WEF_GAC_GlobalAgendaOutlook2014.pdf> [Atteint le 14 Avril 2015]
23 Office of the Press Secretary (2014), 'President Barack Obama's State of the Union

Address'. The White House [web], 28 Janvier. Lien internet :<www.whitehouse.gov/the-press-office/2014/01/28/presidentbarack-obamas-state-union-address>[Atteint le 14 Avril 2015]

24 Adamski (1955), op cit, p.239

25 Adamski (1965a), *Cosmic Bulletin*, Décembre 1964, p.14

26 Adamski (1957-58), op cit, Part 2, Question #40

27 Marianne Szegedy-Maszak (2015), '71 Years Ago FDR Dropped a Truthbomb That Still Resonates Today', *Mother Jones* [web], 12 Avril. Lien internet :<www.motherjones.com/kevin-drum/2015/04/fdrroosevelt-economic-rights-national-security> [Atteint le 13 Avril 2015]

28 'The Universal Declaration of Human Rights'. Lien internet : <www.un.org/en/documents/udhr/>

29 Joseph A. Califano Jr. (1999), 'What Was Really Great About The Great Society – The truth behind the conservative myths'. *The Washington Monthly* [web], Octobre. Lien internet :<www.washingtonmonthly.com/features/1999/9910.califano.html> [Atteint le 16 Avril 2015]

30 Denaerde (1982), *Contact from Planet Iarga*, p.91. L'équivalent de cette citation dans l'édition originale anglaise se trouve à la page 39 d'*Operation Survival Earth*: « la Culture est à la mesure des dispositions prises par la société pour prendre soin des gens les moins chanceux . Les mesures par lesquelles les malades, les invalides, les vieux et les pauvres sont aidés. En bref, la mesure de la générosité collective».

31 Adamski (1955), op cit, p.167

32 James Meek (2014), 'Sale of the century: the privatisation scam'. *The Guardian* [web], 22 Août. Lien internet :<www.theguardian.com/politics/2014/aug/22/sale-of-century-privatisation-scam> [Atteint le 23 Août 2014]

33 Denaerde (1977), op cit, p.50

34 Maitreya, in Creme (ed.; 1989), magazine *Partage International*, Édition Anglaise, Vol. 8, No.3 Avril, p.5

35 Buck Nelson (1956), *My Trip to Mars, the Moon and Venus*, p.16

36 Truman Bethurum (1954), *Aboard a Flying Saucer*, p.147

37 David Crary and Lisa Leff (2014), 'Number of Homeless Children in America Surges to All-Time High: Report'. *The Huffington Post* [web], 17 Novembre. Lien internet :<www.huffingtonpost.com/2014/11/17/child-homelessless-us_n_6169994.html> [Atteint le 3Août 2015]

38 Eliza Barclay (2014), 'More cities are making it illegal to hand out food to the homeless'. NPR The Salt, 22 Octobre [web]. Lien internet : <www.npr.org/sections/thesalt/2014/10/22/357846415more-citiesare-making-it-illegal-to-hand-out-food-to-the-homeless>[Atteint le 8 Juillet 2015]

39 Christopher Donato (2014), '90-Year-old man charged with feeding thehomeless says he won't give up'. *ABC News*, 6 Novembre [web]. Lien internet :<abcnews.go.com/US/90-year-florida-man-chargedfeeding-homeless-wont/story?id=26733223> [Atteint le 8 Juillet 2015]

40 Adamski (1957-58), op cit, Part No.5, Question #94

41 'Spain Youth Unemployment Rate'. *Trading Economics*, 14 Avril 2014 Lien internet :<www.tradingeconomics.com/spain/youthunemployment-rate>

42 Giles Tremlett (2015), 'The Podemos revolution: how a small group of radical academics changed European politics'. *The Guardian* [web], 31 Mars. Lien internet : <www.theguardian.com/world/2015/mar/31/podemos-revolution-radical-academics-changed-european-politics>. [Atteint le 1 Avril 2015]

43 Owen Jones (2014), 'It's socialism for the rich and capitalism forthe rest of us in Britain'. *The Guardian* [web], 29 Août. Lien internet :<www.theguardian.com/books/2014/aug/29/socialism-for-the-rich> [Atteint le 17 Avril 2015]

44 Amelia Gentleman (2014), ' "No one should die penniless and alone": the victims of Britain's harsh welfare sanctions'. *The Guardian,* 3 Août [web]. Lien internet : <www.theguardian.com/society/2014/aug/03/victims-britains-harsh-welfare-sanctions> [Atteint le 4 Août 2014]

45 Siobhan Fenton (2015), 'Welfare cuts: Statistics watchdog urges Government to release clear information on benefits sanctions'.*The Independent* [web], 8 Août. Lien internet :<www.independent.co.uk/news/uk/politics/welfare-cuts-statistics-watchdog-urges-governmentto-release-clear-information-on-benefits-sanctions-10446515.html> [Atteint le 9 Août 2015]

46 Jones (2014), op cit

47 Denaerde (1977), op cit, p.42

48 Ibid., p.16

49 Ibid., p.60

50 Barrios (1989), op cit, pp.37-38

51 Ibid., p.79

52 Ibid., p.82

53 Alfie Kohn (1991), 'Caring Kids – The Role of Schools'. *Phi Delta Kappan* (Mars), p.497

54 Adamski (1965), *Answers to Questions Most Frequently Asked About Our Space Visitors And Other Planets,* p.17

55 Creme (2002), *L' Art de la Cooperation*, édition anglaise pages.31-32

56 Denaerde (1977), op cit, p.47

57 Wilbert Smith (1969), *The Boys from Topside*, p.30

58 Creme (2003), 'Questions/ Réponses', magazine *Partage International,* édition Anglaise, No.5, Mai, p.25. Estimation officielle entre8 et 30 millions; voir Joris Verhulst (2010), ' 15 Février, 2003: '*The World Says No to War*'. In: Stefaan Walgrave & Dieter Rucht (eds.)*The world say no to war: Demonstrations against the War on Iraq*, p.159 Maître de B. Creme (1999), 'La fin de l'âge de la Barbarie'. dans : Creme (ed.; 2004), *Un Maître Parle* p.359

60 Adamski (1955), op cit, p.208

61 Ibid., p.139

62 Interview avec Lachezar Filipov sur BTV, Bulgarie, Octobre 2012. Lien internet : <www.youtube.com/watch?v=23WRbbWFBQI>[Atteint le 2 March 2015]

63 Dino Kraspedon (1959), *My Contact With Flying Saucers,* p.88
64 Adamski (1955), op cit, p.90
65 Ibid., pp.116-17
66 Maître de Benjamin Creme (1999), op cit.
67 Adamski (1955), op cit, p.93
68 Ibid., p.94
69 Maitreya, dans Creme (ed.; 1992), op cit, Message No.93, 22 Janvier 1980
70 Ibid., Message No.81, 12 Septembre 12, 1979

Le nouvel ordre mondial est ce que nous en faisons

71 Denaerde (1977), op cit, p.38
72 Gerard Aartsen (2011), *Ici pour Aider: les ovnis et les gens de l'espace* p.23 et suivantes
73 Alice A. Bailey (1957), *Extériorisation de la Hiérarchie*, édition anglaise p.183
74 Ibid, pp.186-87
75 Smith (1969), op cit, p.30
76 Bailey (1957), op cit, p.187
77 H.G. Wells (1940), *The New World Order*, The University of Adelaide Library web edition. Lien internet :<ebooks.adelaide.edu.au/w/wells/hg/new_world_order/index.html>
78 Adamski (1957-58), op cit, Part 1, Question #20
79 Fry (1954a), op cit, p.67
80 Fry (1954), *The White Sands Incident,* p.43
81 Adamski (1955), op cit, pp.98-99
82 Adamski (1957-58), op cit, Part 5, Question #89
83 Creme (1979), *La Réapparition du Christ et des Maîtres de Sagesse*, édition anglaise p.209
84 Smith (1969), op cit, p.45
85 Reuters (2015), 'Unbridled capitalism is the "dung of the devil", déclaration du Pape Francis', *The Guardian* [web], 10 Juillet. Lien internet : <www.theguardian.com/world/2015/jul/10/poor-must-change-newcolonialism-of-economic-order-says-pope-francis> [Atteint le 11 Juillet 2015]
86 Denaerde (1977), op cit, p.43
87 Ibid., p.134
88 Ibid., p.39
89 Adamski (1957-58), op cit, Part 1, Question #6
90 Fry (1954), op cit, p.30
91 Adamski (1965), op cit, p.28
92 Creme (ed., 2007), 'Questions/ Réponses. Magazine *Partage International,* édition Anglaise, Vol.26, No.1, Janvier/Février, p.34
93 Bailey (1957), op cit, p.52
94 Adamski (1955), op cit, p.93

L'Instructeur Mondial (pp.39-40)

a Adamski (1957-58), op cit, Part No.1, Question #10

b Voir Gerard Aartsen (2008), *Our Elder Brothers Return – A History in Books* (1875-Present), 'Various Teachings'. Publié sur le web <www.biblioteca-ga.info/50/18>

c Giorgio Dibitonto (1990), *Angels in Starships*, pp.32-33

d Bailey (1948), *Le Retour du Christ*, édition anglaise p.69

e Adamski (1962), *Special Report : My Trip to the Twelve Counsellors Meeting That Took place on Saturn*, Mars 27-30, 1962, Partie 2

f Creme (ed.), Magazine *Partage International*, Information générale

« *Leur apparition est en accord avec le Plan Universel de fraternité, par lequel ils tendent une main secourable et des conseils en temps de besoin...»*
– George Adamski, USA

« *Les Frères de l'Espace sont ici pour aider le peuple de la Terre pour surmonter les difficultés engendrées par notre propre ignorance...»*
–Benjamin Creme, UK

« *Nous éprouvons notre plus grande joie en servant, et aidant les autres...»*
– le contact d'Enrique Barrios, Chili

« *Les gouvernements de notre monde (...) ont tout intérêt à montrer une image négative des extraterrestres au public, qui, au contraire , se révèlent être motivés par des intentions positives.»*
– Paolo di Girolamo, Italie

« *Ils se tiennent prêts et désireux d'apporter de l'aide En fait, ils nous ont déjà aidés de manière conséquente, en suivant une ligne de conduite qui n'interfèrent pas avec notre liberté de choix.»*
– Wilbert Smith, Canada

« *Ils anticipent un futur de grande prospérité pour la planète Terre, si nos leaders évitent un nouveau conflit et confirment leur existence parmi nous.»*
– Alberto Perego, Italie

« *Il y a des dizaines d'années, les visiteurs d'une autre planète nous ont avertis de la direction que nous prenions et nous ont proposés leur aide.»*
– Paul T. Hellyer, Canada

« *Ils ne sont pas hostiles envers nous, ils veulent plutôt nous aider. nous n'avons pas, néanmoins, suffisamment progresser pour établir un contact direct avec eux.»*
– Prof Lachezar Filipov, Bulgarie

3. Relations humaines justes: Montrer et Dire, l'exemple ET

Face à cette multitude d'histoires infondées de 'menaces aliens' et d'un tout aussi grand nombre de médiums, de messagers 'd'émissaires galactiques', le fait qu'il existe de si nombreux témoignages de réelles rencontres personnelles, qui confirment que les gens de l'espace sont ici pour aider dans ce temps de transition, ne peut être suffisamment souligné et répété (voir page ci-contre).

Sur la façon avec laquelle les visiteurs de l'espace nous aident, l'ésotériste Benjamin Creme a été le plus précis, en disant : «[C]e que nous appelons les ovnis (les véhicules des gens de l'espace, des planètes plus avancées), prennent nettement part dans l'établissement d'une plateforme spirituelle pour l'Instructeur Mondial, préparant l'humanité à ce temps. En fait, depuis la guerre, ils ont joué un rôle majeur pour préserver la planète intacte.»[1] Ce dernier fait fut aussi reconnu par le Consul Italien Alberto Perego quand il dit: «Nous devons leur être reconnaissant d'avoir empêcher, jusqu'à présent une guerre nucléaire.»[2]

De plus, Creme continue en disant : «Les Gens de l'espace libère dans le monde de formidables énergies cosmiques qui ont un grand impact dans la transformation de l'humanité et en soutenant la vie de la planète dans son intégralité. Leur travail est continuel et inlassable, et nous avons tous une dette énorme envers eux.» Par ailleurs, il ajoute: «Ils voyagent dans nos cieux pour nettoyer et neutraliser les grandes quantités de déchets nucléaires et la pollution générale que nous déversons dans l'atmosphère». Sans cela, il dit que «la vie sur cette planète serait en fait très pénible...»

«Une autre partie de leur énorme travail pour la planète Terre consiste à répliquer, sur le plan physique, l'énergie du champ magnétique autour de la planète (...) en relation avec une nouvelle technologie qui nous donnera une énergie illimitée et sûre pour tous nos besoins directement du soleil: la 'science de la lumière'...[3] Elle sera mise à notre disposition « dès que nous renoncerons à la guerre pour toujours, en montrant que nous sommes capables de vivre en paix dans la justice, le partage, et les relations justes.»[4]

Bien qu'au centre des conceptions de la vie sur les planètes plus avancées, que les 'relations justes' soient le chaînon manquant dans nos systèmes est parfaitement clair quand le Maître de Saturne exhorte Adamski en disant: «Ne cesse jamais de souligner à [ceux de ton monde] qu'ils sont tous des frères et sœurs, sans distinction, quelque soit l'endroit où ils sont nés, ou où ils ont choisi de vivre. La nationalité ou la couleur de peau sont secondaires puisque le corps est une demeure temporaire. Ils changent au fil du temps éternel. Au cours du progrès infini de la vie, chacun connaîtra tous les états.»[5]

La plupart des gens qui s'intéressent au sujet des ovnis et de l'exopolitique ont connaissance des descriptions des autres planètes dans les récits de nombreux contactés. Par exemple, basé sur la visite sur Mars, Buck Nelson dit: « Mars est très coloré. J'étais incapable de dire où commençait une couleur et où elle finissait.»[6] La femme capitaine de 'Clarion' que Truman Bethurum rencontra plusieurs fois lui a dit également: «Mars est un très bel endroit...Il y a des gens là-bas, comme vous et moi. ...Chaque maison a une très belle pelouse avec des fleurs et des arbustes...»[7] Howard Menger décrit Vénus comme fantastiquement belle: «Je ne percevais pas de villes. Je me souviens à la place de belles banlieues comme sur notre planète, mais bien sûr merveilleusement différente. Les bâtiments étaient entourés de grands arbres qui ressemblaient à nos acajous. Des jardins s'étendaient dans toutes les directions. Je vis alors des forêts, des ruisseaux et de grands plans d'eau. Les gens, habillés de couleurs pastels se déplaçaient. Je vis aussi des animaux à quatre pattes qui m'étaient inconnus.»[8] Il ajouta plus tard: «Ils vivent en petites communautés, nichées dans les forêts, proches de la nature. Ils n'enlèvent pas tous les arbres et les arbustes de leurs terrains pour bâtir des immeubles. Ils maintiennent leurs communauté

La vie sur les autres planètes et les autres plans - pas de la matière 'noire' !

Quand les premières mesures (contradictoires) de la température sur Vénus furent faites en 1958, Georges Adamski fut rapidement tourné en ridicule pour ses déclarations que ses contacts provenaient de cette planète ou des autres planètes de notre système planétaire. Néanmoins, Il ne fut pas le seul à maintenir ses déclarations; Dino Kraspedon (physicien-contacté Aladino Felix), Wilbert Smith (chercheur-contacté), Bruno Ghibaudi (journaliste-contacté), Howard Menger (contacté), tous dirent plus ou moins publiquement que les vaisseaux spatiaux et leurs occupants viennent du système solaire, principalement de Mars, Vénus et Saturne et quelques autres planètes .[a]

Depuis ce temps, aucun contacté n'indiquerait notre système solaire comme origine des visiteurs de l'espace. Cependant, à ce jour, l'ésotériste Benjamin Creme déclare catégoriquement: «Toutes les planètes de notre système sont habitées...» mais il ajoute, «si vous vous rendiez sur Mars ou Vénus, vous ne verriez personne car ils sont dans des corps physiques faits de matière éthérique.»[b] En écho à l'affirmation de Benjamin Creme, les contacts de Menger lui dirent: «[S]i un Terrien pouvait venir là dans son corps physique, il ne pourrait probablement pas voir les formes de vie qui vibrent plus rapidement que lui - pas plus qu'il ne peut voir les formes de vie spirituelles sur et autour de sa planète.»[c]

Les enseignements de la Sagesse Immémoriale postulent l'existence de quatre niveaux de matières au-dessus de la matière dense, liquide et gazeuse, qui s'appellent la matière éthérique. Chaque plan est fait de particules sous-atomiques qui vibrent à une fréquence plus élevée que celle du niveau inférieur. Par conséquent , à notre stade d'évolution actuel, il échappe à notre champ de vision. C'est la raison pour laquelle les vaisseaux spatiaux peuvent apparaître et disparaître à volonté. C'est encore une fois Georges Adamski qui fut plus proche de la vérité en disant : «[T]oute la Nature est éthérique; qu'elle soit sous une forme ou sans forme. (...) [L]orsque le mot 'éther' est compris correctement, vous savez qu'il n'a aucun rapport avec les esprits et les entités désincarnées»[d] Et au sujet des visiteurs de l'espace: «[I]ls peuvent élever la vibration de leur esprit à un niveau tel qu'ils deviennent invisibles à notre champ limité de vision.»[e]

Selon Benjamin Creme, puisque les vaisseaux spatiaux sont faits de matière éthérique physique, dont le niveau de vibration pour satisfaire au but d'être observé peut être abaissé, on ne peut uniquement entrer dans un vaisseau spatial que dans un corps éthérique. C'est à dire que notre propre conscience doit être 'élevée' du plan physique dense au plan éthérique. Dans *Ici pour aider: les ovnis et les gens de l'espace*, j'ai présenté des témoignages de plusieurs contactés qui attestent de l'élévation de leur état de conscience, une fois à bord d'un vaisseau

Une description possible de ce processus de sortie du corps physique dense est donnée par Howard Menger, dont les hôtes lui expliquèrent: «Nous avons rapidement projeté un rayon sur vous pour adapter et préparer votre corps à entrer dans le vaisseau. Ce qui s'est passé, c'est que le rayon a changé la fréquence de votre corps de façon à ce qu'il équivaille à celui du vaisseau.»[g]

Quiconque trouverait cela farfelu ferait bien de se rappeler que, sur la base de calculs astronomiques de la masse de l'univers, la science elle-même admet qu'elle ignore la nature de 96% de l'univers connu, ce qu'elle a appelé 'matière noire' en 1930. Depuis ce temps, plusieurs scientifiques ont fait des découvertes par leurs innovations qui toutes pointent dans la même direction comme explications (partielles) ou preuves de la 'matière noire', c'est à dire des niveaux éthériques de la matière.

En bref, Semyon Kirlian a développé une technique de visualisation des champs d'énergies invisibles émanant d'un organisme vivant; Wilhem Reich MD fit la découverte d'une force primordiale qui imprègne tout, qu'il a appelé 'orgone'; Rupert Sheldrake a montré par des expérimentations l'existence de champs morpho-génétiques qui servent de modèles pour la précipitation des formes de vie telles que nous les connaissons.[h]

En Mars 2015, ces idées d'avant-garde trouvèrent pratiquement sans bruit confirmation quand la science courante rapporta des découvertes qui «suggèrent que la matière noire est composée d'un autre type de particules sous-atomiques, qui forment peut-être un univers parallèle 'super-symétrique' remplit de matière super-symétrique qui se comporte comme une image miroir de la matière ordinaire.»[i] En conséquence, lorsque nous sommes devant l'affirmation scientifique qu'il n'existe pas de vie sur les autres planètes dans notre système solaire, nous avons besoin d'ajouter «...sur le plan physique dense.»

Notes en page 113

réduites...»[9]

Georges Adamski écrit : « bien qu'ils aient d'innombrables centres urbains, ils n'ont pas de villes gigantesques, congestionnées comme sur Terre. Tandis que nous n'utilisons qu'une relativement faible partie de notre terre, ils utilisent tous les sols de leur planète pour les besoins de la population. Ils n'épuisent pas les sols comme nous le faisons, mais pratique la rotation des cultures et restituent aux sols un certain pourcentage des produits de la nature pour le paillage et la fertilité. Chaque sol est mis au repos périodiquement. Coopérer avec la Nature, comme ils le font, rend inutile l'utilisation de vaporisations toxiques, d'engrais artificiels. (...) Ils savent que toute forme de vie est importante dans le Plan Cosmique, et sans interférence humaine, la Nature fournit amplement à tous ses enfants, tout en maintenant un équilibre sans fin.»[10]

Comme Howard Menger, Adamski remarqua: «Toutes les villes suivent un motif circulaire ou ovale, et aucune ne présente de congestion. Entre ces centres urbains, il y a beaucoup d'espaces inhabités. (...) Les rues sont bien tracées et bordées de fleurs de toutes les couleurs.»[11] De même, « les fermes ne sont pas éparpillées dans la campagne, mais suivent aussi un schéma circulaire. On m'a dit que cet arrangement s'est avéré plus pratique afin de rendre ces groupes de fermes plus petites; ces communautés sont auto-suffisantes et sont pourvues de tout le nécessaire pour fournir les marchandises à la population.

Sur 'Iarga', toutes les zones habitables ont des complexes d'habitation qui suivent également une structure circulaire, selon la description de Stefan Denaerde, dont plusieurs récits comportent des dessins détaillés de ses informations. Ses contacts lui dirent: «[N]ous les appelons des anneaux de maisons, car elles sont en fait bâties sur la forme d'un anneau avec une zone récréative centrale couverte.»[13]

Adamski continue la description de la vie sur Vénus comme suit: «Dans leur mode de vie communautaire, dans le respect envers chacun et la fourniture des besoins vitaux pour tous, ils n'ont point besoin de structures carcérales avec son personnel. Car les gens de Vénus, de Mars ou d'ailleurs dans notre système solaire ont appris à vivre harmonieusement les uns avec les autres, il n'y a pas de tensions, donc pas de maladie.(...)

«Ils n'ont pas besoin de médicaments car ils reçoivent tout ce qui est nécessaire à l'organisme par la nourriture. En cas d'accident, leur compréhension du corps humain leur permet de se porter assistance mutuellement. En considérant tout cela, il est compréhensible qu'il n'ait pas besoin de docteurs, d'infirmières ou d'hôpitaux.» Cette façon de vivre, continue-t-il, est aussi possible sur Terre: «La condition première est que chacun apprenne à vivre en harmonie avec lui-même, et en association avec les autres.»[14]

Bien que de nombreuses personnes puissent trouver l'enthousiasme de Buck Nelson pour une société d'abstinence prématuré ou peu désirable, il est clair qu'il confirme l'information d'Adamski, lorsqu'il dit : «[L]es peuples des autres planètes dans notre système solaire sont capables de vivre sans guerre, sans forces armées ou de police; sans tabac, café ou thé; sans alcool et sans drogues; grâce à une nourriture non raffinée, la maladie est rare, d'où l'absence d'hôpitaux, de prisons et de sanatoriums. L'espérance de vie est très longue. Le coût pour le gouvernement est trop petit, la règle est basée sur la vérité et la justice.»[15] Ce à quoi il ajoute: «le gouvernement de ces peuples sur les autres planètes est très simple. Ils l'appellent 'vivre à la maison'. En fait, vivre selon la Règle d'Or (...) élimine le besoin de grands bâtiments gouvernementaux, de munitions, d'armées, de forces de police et de prisons.»[16]

Ceci est, à son tour, corroboré par Howard Menger, qui écrit: «Ils n'ont pas d'autorités ou de gouvernement officiels quelqu'ils soient. Ils vivent en paix et en harmonie. Chacun connaît son talent particulier qu'il exerce dans ce même secteur - et ils aiment leur travail.»[17]

Le contact de Truman Bethurum disait: «Les soucis et les inquiétudes que les gens de la Terre connaissent...vous ne les trouverez pas dans nos foyers.»[18] Les habitants des autres planètes sont trop occupés à améliorer le bien-être de leurs habitants pour laisser la place à la moindre controverse, aussi minime soit-elle.[19] M. Bethurum ajouta lui-même:» j'eus aussi l'impression que la coopération chez eux est intrinsèque à leur mode de vie, et que la pauvreté n'existe pas, de même que ce que nous appelons les richesses et les biens sont répartis plus équitablement que sur notre Terre. Les gens sont très occupés à vivre et à apprendre et ne se soucient pas de savoir ce que quelqu'un a ou n'a pas.»[20]

Le 19 Mai 2015, pendant qu'il photographié la tempête au-dessus de la réserve naturelle à Groningen, au Nord de la hollande, Harry Perton captura cette observation, qu'il prit pour un défaut de l'objectif. Cependant, le Maître de Benjamin Creme confirma que c'était une observation d'un vaisseau de Mars (*Partage International*, Édition Anglaise Juillet / Août 2015

(Photo: © Harry Perton)

Buck Nelson fit une observation très similaire : «les gens de Mars, de la Lune et de Vénus nous ressemblent, mais ils ont bien meilleure mine en général. Ils mangent un peu de viande. Du moins, c'est ce qu'il m'a semblé avoir goûté. Leur nourriture consiste principalement en fruits et en légumes. Ils sont heureux et en bonne santé. On m'a dit que la maladie était rare...»[21] Le contact d'Howard Menger lui dit pareillement :» sur ma planète, la maladie est un événement rare: quand quelqu'un est atteint de symptômes de mal-être, ce même individu réalise qu'il a été négligent dans l'observation des lois naturelles de notre Père Infini.»[22]

Cette connexion directe entre une économie juste basée sur un accès libre aux biens vitaux et notre santé a déjà été soulignée par le Maître Djwhal Khul lorsqu'il écrivait: « la clef de la santé en termes ésotérique, est la répartition et la distribution, tout comme le partage est la clef du bien-être général de l'humanité. Les maux économiques de l'humanité correspondent étroitement aux maladies des individus. Il y a un manque de libre circulation jusqu'aux points de distribution des biens nécessaires à la vie; ces points de distributions sont inactifs: la direction de la distribution est défectueuse, et c'est seulement par une vision saine à l'échelle mondiale du principe du Nouvel Age du Partage que l'être humain sera guéri...»[23]

Comme nous l'avons vu au chapitre précédent, les visiteurs de l'espace ont partagé leur analyse approfondie des causes de nos problèmes sur Terre en ce moment. Il est en revanche bien moins connu qu'ils nous ont également montré les alternatives possibles au système défaillant que nous avons mis en place pendant des décennies. George Adamski, en particulier, a été tourné en ridicule à cause de ses descriptions de la vie sur Vénus et du monde spirituel qui la sous-tend. Par ailleurs, de très nombreux détails ont été révélés par Stefan Denaerde à propos de l'organisation de leur société.

Bien que quelques auteurs se soient intéressés à cet aspect de l'information en provenance des contactés, il s'agit principalement de détracteurs qui assimilent les histoires des contactés à une nouvelle religion, ou les relient – avec raison – aux enseignements de la sagesse dont la source est H.P. Blavatsky et Alice.A. Bailey. Par conséquent, ils les écartent sans chercher à comprendre ces enseignements ou leur

Cette photographie d'aurore boréale à Andenes, au Nord de la Norvège, révèle quelque chose d'assez similaire à celle de la page 81. Photo prise le 20 Janvier 2010. (© Per-Arne Mikalsen, Andenes, Norvège)

urgence et leur pertinence pour notre monde actuel.

Toutefois, il n'est pas moins stupéfiant de constater à quel point les déclarations d'Adamski et de Denaerde sont corroborées par les récits d'autres contactés, pour nous montrer ce que les Frères de l'Espace voient comme priorités pour rétablir le bon sens et sauvegarder notre propre futur.

Basé sur ses échanges pendant deux jours avec un équipage de soucoupes volantes provenant de la planète 'Iarga', Stefan Denaerde résuma ainsi la nécessité d'une coopération globale et d'une vraie liberté pour les peuples – au lieu de celle des sociétés – pour garantir les besoins fondamentaux de chacun : «Le système universel économique actuel démontre en pratique son efficacité dans la production de biens et de services, en portant prioritairement son effort sur le logement, la nutrition et le transport. La production est ensuite répartie sur la base simple du contrôle de l'utilisation ou de la consommation des gens. Le but de ce système est de libérer l'individu le plus possible du travail non-créatif et servile.»[24]

«La base de ce système est leur ordre mondial. L'unité de leur humanité vient du fait qu'ils obéissent à un ensemble de lois Divines et par conséquent, elle a un caractère uniforme légal.(...) La totalité de la production des biens et des services est contrôlé par des trusts ou des coopératives globales. Leurs présidents forment le gouvernement mondial. Elles ne sont pas tant économiques que politiques, comme ici avec nos gouvernements et nos ministères.»[25]

Les lecteurs noteront que les contactés ou leurs contacts parlent souvent de Dieu, du Créateur, du Père, etc. Bien que l'on puisse avoir de bonnes raisons de s'interroger sur la sincérité des religions organisées et de la moralité de certains des membres du clergé, il doit être clair que les Gens de l'Espace s'expriment invariablement à partir d'une compréhension profonde et d'une expérience intérieure de la Réalité que, sur Terre, nous ne pouvons approcher correctement que par l'entremise

Page 85: Un autre vaisseau similaire a été pris en photo en Juillet 1957 par Mme William Felton Barret du Massachusets, USA, lors d'une croisière en Norvège. Elle déclara qu'elle n'a rien vu au moment de prendre la photo, mais que le vaisseau est apparu quand elle fut développée et imprimée.

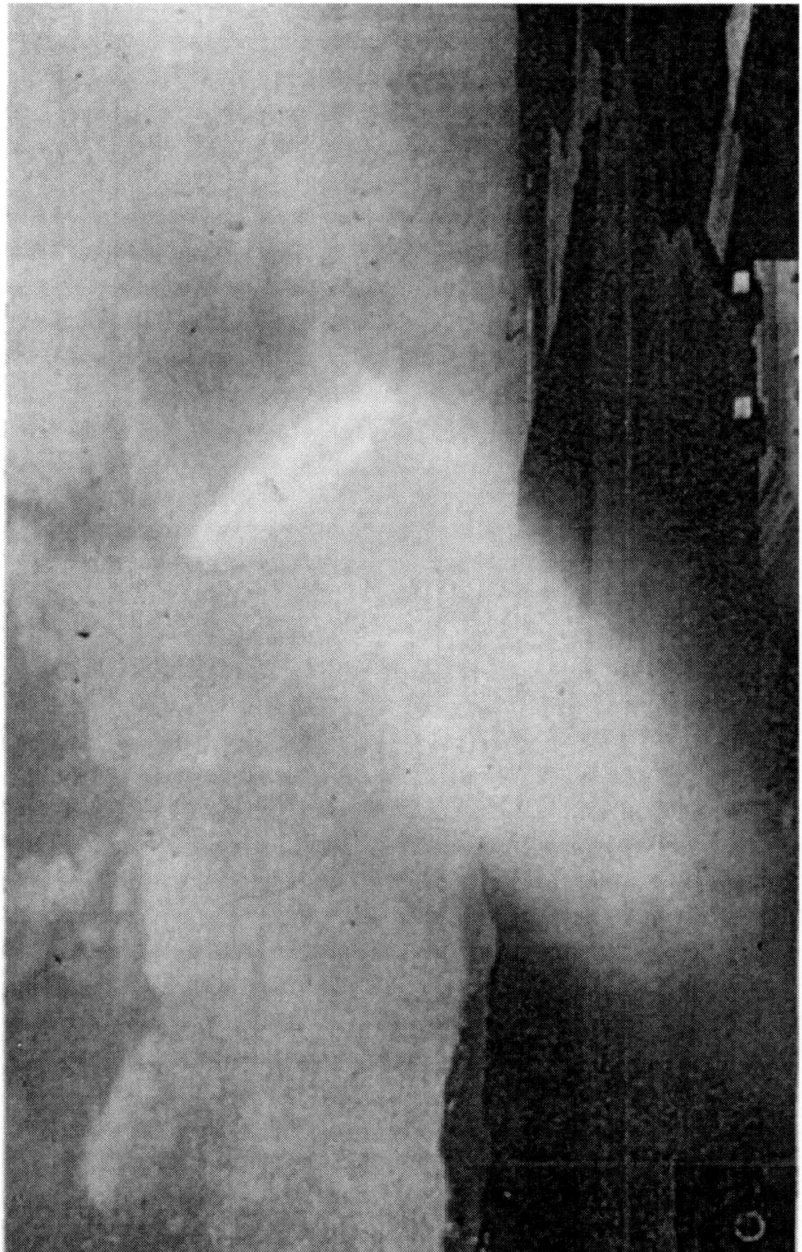

Cette photo a été publiée pour la première fois dans *Flying Saucer Review* Vol.4, N°6, Nov-Déc1958. Elle a servie ensuite de couverture pour la première parution de l'édition anglaise du livre de Dino Kraspedon *My Contact With Flying Saucers* (1959).

des Instructeurs. Pour apprécier correctement de telles déclarations, il serait par conséquent utile de faire la distinction entre l'Instructeur et leur enseignement d'un côté, et ceux qui ont servi d'intermédiaires ou d'interprètes, sachant que leur but a pu être de nourrir leur agenda personnel ou non, de l'autre.

Les contacts de Georges Adamski soulignaient fréquemment ce que les visiteurs de l'espace signifiaient par les 'lois de Dieu» : « Dans l'Ancien et le Nouveau Testament de la Bible, et dans les enseignements de tous les Grands Êtres, figure le commandement de l'Amour.'Aime ton prochain comme toi-même' Le prochain n'est pas seulement le voisin d'à côté, mais chaque être dans le monde; chaque être qui vit sur une autre planète de notre système solaire, chaque être qui vit au sein du vaste et illimité Cosmos.»[26] Comme Adamski l'explique, les visiteurs de l'espace sont tellement en avance sur nous car « des millions d'années auparavant, sur les autres planètes, les gens ont commencé à se traiter les uns les autres en frères et sœurs, comme une seule famille planétaire, se reconnaissant tous comme des enfants de l'unique Créateur Infini.»[27]

Dans son livre *My trip to Mars, the Moon and Venus*, Buck Nelson fit le commentaire: «Ils vivent réellement selon les lois de Dieu»[28]. Tandis que le protagoniste d'Enrique Barrios, Ami dit à son ami Terrien Pete: « Nous ne faisons pas la guerre car nous croyons réellement en Dieu»[29] Comme le Maître de Vénus a dit à Adamski : « On t'a dit que dans nos mondes nous *vivions* selon les lois du Créateur, alors que sur la Terre, vous ne faites qu'en parler. Si vous deviez *vivre* selon les préceptes que vous connaissez déjà, les peuples de la Terre ne se massacreraient pas entre eux. Ils travailleraient ensemble, au sein de leurs groupes de leurs nations, pour faire le bien et atteindre le bonheur dans cette partie du monde où vous êtes nés et que vous appelez par conséquent 'votre maison'.»[30] Par ailleurs, l'un des six hommes à bord du vaisseau-mère Saturnien lui a dit: « Vous avez consacré un jour par an à l'observance de la Fraternité Humaine. Vous parlez alors au sujet du Créateur Paternel. Cependant, en oubliant complètement les actions que de telles conceptions devraient mettre en avant, vous gaspillez l'argent et vos efforts pour améliorer vos possibilités de mutiler et détruire plus rapidement vos semblables sur Terre. N'est-il pas curieux de prier le Divin Père de bénir vos efforts de destruction impitoyable.»[31]

Les contacts de Stefan Denaerde n'hésitaient pas à se référer aux enseignements du Christ quand ils expliquaient comment l'humanité pourrait entrer dans un stade d'évolution plus élevé : «la première [loi de sélection cosmique] confirme la condamnation du christ de toute discrimination sociale. Un haut niveau de développement technique élimine toute discrimination et de la contrainte sous la douleur du chaos et d'une éventuelle auto-destruction. La Terre démontre la justesse de cette loi d'une manière convaincante. Le chaos social existe déjà, et la menace commence à se manifester. Seules les grandes puissances détiennent en ce moment l'arme nucléaire, mais les nations plus petites seront bientôt à armes égales. La situation devient plus dangereuse chaque année. D'ici une courte période, vous découvrirez la possibilité de radiations immatérielles [la bombe à neutrons ? GA]. Dès lors, une poignée de personnes sera capable de produire une arme en capacité de détruire toute l'humanité. Où tout cela mènera-t-il ? Pendant combien de temps une civilisation peut continuer à exister quand la science ignore ses responsabilités ?»[32]

«La seconde loi oblige à une compréhension correcte des relations humaines. Elle établit 'l'amour Christique' comme condition de l'intégration cosmique. Seul un comportement altruiste qui rétablit l'efficacité originelle de l'ordre naturel peut permettre à une espèce intelligente d'avoir la certitude de sa survie jusqu'à son intégration cosmique.» [32]

A contrario, « [U]ne humanité qui vit constamment sous la menace de la guerre et de la destruction ne fait pas logiquement de plan pour le futur lointain.» et ne se sent pas réellement concernée par la création et le maintien des conditions d'une survie à long-terme. En conséquence, «[l]a Terre (...) vit dans le présent et le passé sans se soucier des générations futures.»[33]

Lors de sa rencontre avec les visiteurs de l'espace à White Sands, au Nouveau-Mexique, USA, où les premières bombes atomiques furent testées dans les années 40, ils dirent aussi à Daniel Fry : «En tenant constamment compte des leçons du Passé, nous trouvons qu'il est sage de toujours maintenir les valeurs matérielles en relation correcte avec les valeurs sociales et spirituelles qui sont plus importantes.»[34] En fait, ils confirmèrent que: «Quand les industries nationales seront libérées de la nécessité d'investir leur temps et leur argent pour produire les moyens de faire la guerre, elles auront alors le temps et l'énergie d'élever le niveau de vie de chacun sur Terre jusqu'au point d'être complètement libéré du besoin. Avec cette liberté vient celle de l'affranchissement de la peur. Ainsi, votre civilisation passera ce point critique en sécurité dans son développement.»[35]

Il y a environ 35 ans, cette idée fut envisagée par la Commission Indépendante pour les Questions sur le Développement International. Elle était constituée d'un large groupe d'anciens leaders mondiaux et autres figures de premier plan, couvrant un large éventail politique de la gauche à la droite, sous la présidence de l'ex-chancelier d'Allemagne de l'Ouest Willy Brandt. Dans sa préface du rapport de la Commission en 1980 *Nord-Sud Un Programme de Survie*, M. Brandt écrit : «Au commencement de cette nouvelle décennie; à seulement 20 ans du prochain millénaire, nous devons essayer de nous élever au-dessus des querelles (ou négociations) quotidiennes pour examiner les menaces à long-terme. Nous sommes dans un monde dans lequel la pauvreté et la faim dominent dans de nombreuses et importantes régions du monde; dans lesquelles les ressources sont pillées sans considération sur leur renouvellement; dans lesquelles de plus en plus d'équipements militaires sont fabriqués et vendus; et dans lesquelles s'est accumulée une capacité destructrice suffisante pour faire exploser plusieurs fois notre planète.»[36] Aussi pertinente que cette déclaration soit sur l'état du monde en 1980, elle est encore plus valide aujourd'hui.

Il est donc sans surprise pour nous que l'un des Maîtres de Sagesse, dont Benjamin Creme a dit qu'il travaillera ouvertement dans le monde aux côtés de l'Instructeur Mondial, a fait une liste des priorités pour l'humanité sur une orientation très similaire : «Pour aider les hommes dans leur tâche, [l'Instructeur Mondial] a formulé certaines priorités qui (...) sont simples et s'imposent d'elles-mêmes, cependant que nulle part, elles n'existent sur une grande échelle. Énumérées ainsi, elles couvrent les besoins essentiels des besoins de chaque homme, femme ou enfant: la première priorité est la fourniture d'une nourriture adéquate. La seconde, la disposition d'un logement et d'une protection adéquate pour tous. Troisièmement, faire de la santé et de l'éducation un droit universel. Ce sont là les conditions minimums pour un monde stabilisé et ce sera la responsabilité de tous les gouvernements de les garantir. Aussi simples soient-elles, leur introduction aura des répercussions très profondes, et inaugurera une ère nouvelle sur Terre.»[37]

Tandis que les politiciens dénoncent souvent les gens d'Asie, d'Afrique et d'Amérique Latine, qui aspirent à une vie meilleure dans d'autres régions du monde, comme des 'aventuriers en quête de fortune' ou des 'réfugiés économiques', la Déclaration Universelle des Droits de l'Homme ne fait aucune distinction entre l'oppression politique, religieuse, sociale ou économique. Comme le stipule l'Article 25: «Toute personne a droit à un niveau de vie suffisant pour assurer sa santé, son bien-être et ceux de sa famille, notamment pour l'alimentation, l'habillement, le logement, les soins médicaux ainsi que pour les services sociaux nécessaires; elle a droit à la sécurité en cas de chômage, de maladie, d'invalidité, de veuvage, de vieillesse ou dans les autres cas de perte de ses moyens de subsistance par suite de circonstances indépendantes de sa volonté.»[38]

Bien avant l'arrivée massive de migrants, venant de zones dévastées par la guerre ou l'injustice économique, qui maintenant sont à la une des journaux chaque jour, Benjamin Creme, en 2001, posait la question suivante : «Pouvons- nous imaginer que les gens des pays en développement vont supporter cette situation pour toujours ? Devons-nous penser qu'ils ne savent pas ce qui se passe réellement, ce que les autres possèdent, comment ils vivent, ce qu'ils gaspillent ? Ils commencent à exiger leurs droits» [39]

Ainsi, comment sortir de la situation présente, enfoncée dans l'injustice et l'esclavage pour entrer dans une nouvelle réalité de justice et de liberté ?

A propos de Vénus, Adamski nous dit : «[L]eur gouvernement est planétaire. Il est constitué de représentants élus de chaque région et de chaque milieu. Ils examinent les besoins du peuple de manière impartiale, et les problèmes sont résolus pour le bien commun de tous. Selon moi, il n'y a qu'un très faible besoin de contrôle législatif. Car, avec une totale reconnaissance et une gratification adéquate du travail bien fait, les tentations d'un système monétaire comme le nôtre sont complètement écartées.» [40] De plus, «Il y a une réelle égalité dans tous les aspects de la vie, en incluant la distribution des marchandises».[41]

En réponse aux questions sur les moyens d'échanges sur les autres planètes, Georges Adamski écrivait en Octobre 1957: «Leurs moyens d'échanges est un système d'échanges de marchandises et de services, sans recours à l'argent. Toute la production est pour le bénéfice de tous, chacun recevant ce dont il a besoin. Et, puisqu'il n'y a pas d'argent en jeu, il n'y a pas de 'riches' ni de 'pauvres'. Tous partagent équitablement, et travaillent pour le bien commun.»[42]

Pareillement, dit Stefan Denaerde, sur 'Iarga', «[r]ien n'est payé (...) uniquement enregistré. Ce qu'un consommateur utilise est enregistré dans l'ordinateur central dans tous les immeubles cylindriques de chaque maison. Il ne peut dépasser ce à quoi il a droit. Ces ordinateurs sont reliés aux énormes centres commerciaux dans chaque immeuble cylindrique. Vous ne pouvez rien acheter. Les biens importants ou très chers, comme les maisons, les voitures, les bateaux, les objets de valeurs etc, peuvent seulement être loué. Ils appellent cela le droit à l'acquisition. Les choses moins importantes ne sont pas louées car ce ne serait pas efficace. Elles sont enregistrées à leur valeur totale et le droit de jouissance dure toute la vie. C'est aussi le cas pour les biens personnels, excepté qu'en cas de décès, les biens sont retournés aux trusts [de production].» Pour la consommation et les services publics, «[l]eur valeur totale est enregistrée, à ce moment là, le droit d'usage vous revient. (...) C'est pratiquement la même chose qu'un compte en banque, à la différence que le contrôle est exercé sur la dépense alors que nous le faisons sur le revenu.»[43]

L'ésotériste et futurologue Benjamin Creme a prédit un système avancé de troc comme moyen de distribution des ressources qui sera mis en place après l'effondrement des places boursières, qui est en train de se produire. Il est intéressant de retrouver des indices d'un système similaire dans les témoignages de plusieurs contactés sur la vie des autres planètes. Comme il fut demandé à Stefan Denaerde de laisser les gens libres de croire ou non à son histoire (voir page 6), il fut demandé aussi à Georges de simplement partager l'information reçu de la part de ses contacts de l'espace sans chercher à convaincre qui que ce soit. Apparemment, il aurait pu le faire s'il avait été autorisé à dire tout ce qu'il savait, selon ce qu'avait dit l'un de ces associés à Desmond Leslie.[44] De même, il fut demandé à l'auteur Chilien Enrique Barrios, au sujet de son expérience faite en 1985, d'écrire sous forme de conte pour enfants. Dans son livre *Ami, l'Enfant des Étoiles,* les deux protagonistes, Ami, le visiteur de l'espace, et Pete, le garçon Terrien qui est contacté, ont des échanges très inspirants et enthousiasmants au sujet de la vie sur les autres planètes. Dans une série de discussions, il met en lumière à quel point notre mentalité est centrée sur la possession et la nécessité de gagner de l'argent. Barrios appelle la planète d'origine d'Ami 'Ophir', qui a une connotation biblique de richesse: «Ici, tout appartient à tout le monde...»[45] Ami explique à Pete, tandis que sur Terre, la mesure du 'progrès' est l'accumulation de la richesse ou des possessions.

Ami: «Ici l'argent n'existe pas...»

Pete: « Alors, comment fait-on pour acheter ?»

Ami: «Ils n'achètent pas. S'ils ont besoin de quelque chose, ils y vont et se servent...»

Pete: « tout ?»

Ami : «tout ce dont ils ont besoin.»

Pete: «absolument tout ?»

Ami: «Si quelqu'un a besoin de quelque chose, et que c'est disponible, pourquoi pas ? (...) tout appartient à tout le monde, à toute personne qui en a besoin, même quand il l'utilise.»[46]

Quand les deux amis furent de retour sur Terre, ils aperçurent des ovnis au-dessus du village de Pete. Ami dit: «l'apparition d'ovnis est fréquentes dans les plantations de pêchers de la Terre». Pete lui demanda: :

« vous les dérobez ?»

Ami: « Dérobez...ça veut dire quoi dérober ?»...

Pete: « Prendre ce qui appartient à quelqu'un d'autre.»

Ami: «Oh, encore qui *appartient.* Je devine que nous ne pouvons nous empêcher de suivre les 'mauvaises habitudes' de votre planète.» dit-il en riant ! Il fait la remarque que le gens de la Terre ne « peuvent donner s'ils ne reçoivent pas en retour». Pete songea qu'«Ami avait une facon très spéciale de dire les choses difficiles, et toujours avec le sourire.» Pete fit part de son inquiétude au sujet des personnes qui profitent des autres. Par exemple, si un homme venait en camion prendre tous ses fruits. Ami lui expliqua: «Dans une société civilisée, personne ne 'profite des autres' Que ferait cet homme de son camion chargé de fruits ?» Pete répondit : «les vendre bien sûr...». Le lecteur se rend immédiatement compte à quel point nous sommes conditionnés par l'argent. Quelques secondes auparavant, on apprend comme Pete, que dans un monde civilisé, il n'y a pas d'argent, et par conséquent pas de motivation pour le profit.[47]

Pour une société stable, Stefan Denaerde a appris qu'«il y a uniquement deux solutions: chacun possède la même chose; ou personne ne détient quoique ce soit. La dernière option est la plus efficace.»[48] L'efficacité de ce type de justice réside dans «un plan économique qui vise à satisfaire efficacement les besoins de l'homme de sorte qu'il soit libéré de la tyrannie des contraintes matérielles dans sa vie quotidienne. En d'autres termes, si chacun a tout à sa disposition, alors l'acquisition de biens matériels n'est plus d'une importance primordiale. Cela ne peut être atteint que par une répartition équitable entre tous; sinon, l'envie existera toujours. La culture en devient moins stable.»[49]

Lors de son voyage à Vénus, Howard Menger découvrit qu': «il n'y a pas de travail comme nous l'entendons. Ils ont des machines et des appareils sophistiqués qui font le travail rapidement et efficacement. Tous les services sont volontaires et sont rendus avec amour. Tous les produits sont partagés.»[50] Cependant, «[I]l y a des bâtiments où le travail s'accomplit, où les vaisseaux y sont bâtis; mais les bâtiments sont beaux et ne ressemblent pas à nos usines. Ils ne reçoivent pas d'argent en échange de leur travail. A la place, ils échangent leurs talents, et tout est partagé dans la mesure de leurs compétences et de leurs désirs. Personne ne souhaite n'importe quoi. Nous travaillons car il le faut. Ils travaillent au service de leur Père Infini».[51] On dit de manière similaire à Stefan Denaerde : « le système économique universel qui existe chez de nombreuses humanités intelligentes ne concerne pas en lui-même l'argent, les possessions, ou les paiements. Le but de ce système est de libérer les gens du matérialisme et de l'envie...»

Malgré tout, selon les informations reçues par M. Denaerde, cela n'est pas jugé réaliste dans les premiers stades de transition vers un système économique basé sur la justice. Ses contacts donnent des indications pratiques pour lisser une telle transition: «Le but du système économique universel est naturellement d'augmenter les revenus, mais cela n'est pas possible dans les premiers stades de stabilité sociale. Une récompense matérielle doit être offerte pour stimuler l'intensification de l'effort personnel. Une gratification similaire doit être aussi offerte pour stimuler les jeunes à faire des études longues, indispensables pour atteindre un haut niveau de développement technologique, ou pour pousser les gens à travailler plus dur ou accepter plus de responsabilités.»[52]

Que les normes sociales des gens de l'espace soient bien plus en avance que les nôtres est aussi une évidence eu égard à leurs positions sur les droits des femmes: « Vous devez d'abord déterminer un minimum social que chacun recevra pour toujours et vous devez essayer d'établir la sécurité pour chacun, jeune ou vieux. Les femmes ont aussi droit à leurs propres revenus; le minimum social doit être libre de toute discrimination. Vous devez aussi fixer que le maximum de revenus combinés d'un couple ne peut jamais excéder quatre fois le minimum déterminé.»[53] «Nous t'avons dit que nous n'avions plus aucune distinction de classes sociales. Cela s'applique aussi aux femmes. Les corvées sont réparties de manière équitable entre chacun.»[54]

« Les hommes et les femmes de Iarga sont égaux, mais ont des prérogatives différentes. Les femmes ont une position dominante car elles doivent guider le développement mental. Elles ne sont pas des objets sexuels. Le sujet du sexe, qui ici sur Terre est considéré comme un fruit défendu et qui par conséquent revêt un attrait malsain, n'a pas du tout d'effets indésirables sur nous. Une relation homme-femme basé uniquement sur le sexe est considéré comme dégradante. Nos femmes préféreraient mourir sur place que d'avoir uniquement des rapports physiques; elles sont très exigeantes avec leurs partenaires. Elles exigent de l'attention, de la tendresse, et d'être respectées principalement en tant que personne quant à leur niveau intellectuel. Tout est dirigé vers l'expression créatrice. En cela, le sexe ne joue qu'un rôle mineur.»[55]

Nous devrions nous souvenir que ces déclarations furent faites ne 1965. En 2015, dans la plupart des nations riches, les femmes ne sont même pas rémunérées au même niveau que les hommes pour le même travail. Le débat sur un revenu universel de base commence seulement à faire son chemin dans certaines parties du monde.

Comme ces descriptions l'indiquent, la seule porte de sortie de nos problèmes passe par la reconnaissance de notre interdépendance mutuelle et de la nécessité de politiques internationales qui garantissent la satisfaction des besoins fondamentaux de chaque être humain. Les peuples de la Terre sont prisonniers d'un système grossièrement faussé qui les réduit en serviteurs de 'l'économie'. Les mesures d'austérité à base de coupes profondes dans les dépenses sociales sont justifiées en tant que 'stimulants de l'économie'. A contrario, l'économie strictement régulée sur 'Iarga' sert les besoins de la population. M. Denaerde a pu voir comment un système basé sur la Justice aide également à l'épanouissement de la liberté quand il «a commencé à se rendre compte de l'extraordinaire perfection de cet étrange monde; un monde qui nourrit son énorme population avec une efficacité extrême; un monde sans déchets, ni odeurs, ni fumées, ni embouteillages et sans bruits.»[56]

Si nous sommes véritablement concernés par le bien-être de chaque être humain, il n'est pas difficile de prendre conscience que résoudre les problèmes de la faim et de la pauvreté sur Terre, ainsi que la rareté des matières premières, la dégradation de l'environnement et du changement climatique, n'est pas à présent une question d'augmentation de la production de nourriture, de matériaux, de médicaments, de savoir-faire et cetera, mais une question de partage, de redistribution équitable à travers le globe. Par conséquent, répondre à ces énormes problèmes globaux par une approche globale est essentielle.

Stefan Denaerde put rendre compte de cette organisation sur 'Iarga' avec des détails sans précédent: «la production totale des biens, sur Iarga, est dans les mains d'un très petit nombre d'énormes sociétés, les 'trusts'. Ce sont d'énormes organisations avec des millions d'employés, actifs sur l'ensemble de la planète. Il y a les trusts primaires , qui distribuent directement aux consommateurs, et les trusts secondaires qui fournissent les trusts primaires.»[57]

« [T]ous les biens restent la propriété des trusts qui les fournissent. Cela signifie que non seulement le trust est responsable de la maintenance, de la réparation et de la garantie pour une durée minimum garantie, mais aussi qu'ils assument totalement le risque de perte et de destruction. Ainsi, tous les articles sont d'un niveau standard si élevé que les réparations ne sont jamais nécessaires; les réparations ne sont pas seulement coûteuses mais aussi terriblement inefficaces.»[58]

Généralement, « [l]es trusts travaillent sur une base de prix coûtant où la variable 'profit' est remplacé par 'le coût de continuation'. Chaque trust est constamment occupé à améliorer et étendre sa production. Leur économie est stable comme un roc.»[59] Cependant, il y a aussi des articles rares, sans doute des objets de luxe, dont le profit est très au-dessus du coût de revient : «les trusts engrangent ce profit en extra et l'utilise pour subventionner d'autres articles dans le plan de production. Un planning central soigneux peut aussi influencer la loi d'offres et de demandes.»[60]

«Le système travaille par divisions et par branches qui sont éloignées autant que possible géographiquement et sous forme de production automatisée. Un membre du groupe de production du gouvernement mondial est à la tête de chaque trust. (...) Le coût de revient est calculé sur l'unité de compte horaire, l'*ura*.»[60]

«Les présidents des deux trusts appartiennent au groupe central de planification du gouvernement central. Ce groupe tente de guider l'humanité vers un but culturel. En première étape, ils doivent par l'ajustement de la production assurer la distribution par la loi d'offre et de demande. Il en découle une situation de prospérité sans limite, de sorte que personne n'a plus de soucis avec les considérations matérielles. En conséquence, ce groupe stimule également le développement mental de l'humanité. Par exemple, les voitures et les maisons finissent par perdre leur rôle de statut social. Qu'est-ce qui influencent alors les choix du public ? Principalement deux choses : le confort et le prix. Le confort maximum et le coût de production le plus bas ne peut être atteint que par la robotisation. Que se passe-t-il alors ? Chacun choisit la voiture et la maison la plus efficace et ainsi le développement portent ses fruits.»[62]

Une fois que la loi d'offre et de la demande est abolie « [l]a compétition existe seulement à travers le libre choix des consommateurs et, n'a rien avoir avec les démarches pour influencer ce choix, comme nous essayons de le faire par la publicité.»[63]

Stefan Denaerde explique que, sur 'Iarga', il y a aussi deux organisations de consommateurs qui «sont en charge de toutes les études de marchés. Elles examinent la valeur d'usage de tous les biens et de tous les services et informent le public de la manière la plus objective des gammes disponibles. Elles encouragent les trusts à produire les biens qui sont nécessaires. Les trusts ne sont pas autorisés à faire de la publicité ou à exercer une influence sur le consommateur, car cela ne saurait être objectif. Ainsi, le choix n'est pas fait par inexpérience ou par des personnes [insouciantes du prix] mais par des experts qui disposent de moyens de test. Quand ils se rendent compte, par exemple, qu'il est nécessaire pour le public d'avoir accès au choix de cinq écrans TV, ils s'assurent que ceux-ci soient produits.»[64]

Il continue: « les coopératives de consommateurs font des remarques sur la performance des trusts et stimulent ainsi l'assortiment et la disponibilité. Une fois cette situation atteinte, il n'y a plus grand chose à écrire dans les livres d'économies. La seule chose qui peut y figurer est quelle est l'idée qui pourra améliorer le système d'efficacité du produit pour en réduire la charge de travail servile.»[65]

Puisque la possession personnelle n'existe pas, les ressources naturelles sont par principe libres. Cela signifie que le prix a été calculé à partir des coûts d'acquisition, de fabrication et de distribution.»[66] Ses contacts lui dirent: « ce que nous appelons 'prix' n'est en fait par convention qu'une méthode pour exprimer le temps de production exigé par un certain article, et est seulement utilisé pour déterminer la distribution de la prospérité. Quand vous demandez si les prix sont élevés, vous voulez savoir s'ils sont accessibles pour beaucoup de personnes, si nous sommes riches ou pauvres. Vous vous demandez quel est le niveau de production par habitant ? En fait, comparé à vos standards sur Terre, il est très élevé. La réponse est que nous sommes tous riches.»[67]

D'où le fait que sur 'Iarga', il n'y a pas de classes inférieures ou supérieures, «la seule distinction réside dans les fonctions de direction et d'exécution. Quand nous parlons de courtes périodes de travail, nous parlons de tâches non créatrices de production et de maintenance. Chacun y contribue même le président. La fonction de Direction est purement créatrice et nous la remplissons pendant notre temps libre.(...) Nous ne faisons pas de différence entre les positions hautes et basses. Nous choisissons les personnes pour nous diriger, qui en dehors de leurs corvées [i.e. travail journalier], ont aussi, dans cette activité, un intérêt à exprimer leur créativité, comme un loisir. A ce stade de développement, la créativité n'est pas considérée comme un travail car c'est l'objectif des humains.»[68]

Enrique Barrios, dit aussi que sur 'Ophir', «[I]l y a très peu de travail, comme vous le connaissez, à faire. Les ordinateurs assument toutes les tâches de la planète.»[69] Quand Pete demande à son ami, combien d'heures par jour ils travaillent, Ami explique : «Cela dépend du type de travail. Si cela est plaisant, ils travaillent toute la journée, comme je le fais en ce moment...mais c'est un grand privilège.» Pete demanda alors: « Tu travailles ? A quoi travailles-tu ?...j'ai l'impression d'être en promenade...». Ami répond: «Je suis une sorte de professeur ou de messager, c'est à peu près la même chose.»[70] Ailleurs sur sa planète, Ami dit que les gens «vivent, travaillent, étudient, s'amusent, servent, aident qui ils peuvent, mais comme il n'y a pas de problèmes majeurs, nous aidons les mondes non-civilisés...»[71] Ou, comme Orthon, le contact d'Adamski le dit, « L'idée que 'Nous sommes les gardiens de nos frères' s'appliquent à toute l'humanité et partout.»[72] En fait, dit le Maître de Saturne: «...toutes les formes de vie, en servant volontairement, grandissent en comprenant la source dont ils reçoivent leur sagesse : la même force de vie par laquelle ils existent.»[73]

Il apparaît donc que c'est le service qui mène l'évolution vers la 'super-culture' ou la 'civilisation cosmique' à laquelle l'hôte de Denaerde se réfère continuellement. C'est ce qui nous manque dans la relation envers les uns les autres sur Terre. Cependant, comme Georges Adamski l'explique, il s'agit d'un processus évolutif dans lequel les autres planètes ont cheminé plus loin que nous : «Nos amis de l'espace ont essayé de nous faire prendre conscience de la réalité de notre propre pensée mal avisée; ils nous comprennent, car ils ont eu aussi à discipliner leur mentalité, et détourner leur ego individuel vers les champs de service pour les autres. Leur intérêt porte sur l'accomplissement, non pour eux-mêmes mais pour l'amélioration de tous.»[74]

Selon les termes du Maître Vénusien : «Sur notre planète, et sur les autres planètes du système solaire, la forme de vie que vous appelez 'homme' a grandit et a avancé intellectuellement et socialement à travers différents stades de développement à un point inconcevable aux gens de la Terre. Ce développement ne s'est accompli qu'en adhérant à ce que vous appelleriez les lois de la Nature. Dans nos mondes, il est connu comme la croissance à travers le respect des lois de l'Intelligence Toute Suprême.»[75]

Cet aspect important est clairement manquant dans notre compréhension de la Vie, ainsi devons nous explorer un peu plus ce que les visiteurs de l'espace ont à nous dire à ce sujet. Le Maître de Saturne, par exemple, explique que « c'est l'homme lui-même qui a apporté la désolation qu'il déplore amèrement. Tout cela à cause du service qui n'est pas rendu comme il l'est naturellement par les formes de vies plus humbles qui l'entourent.»[76] Firkon rassura Adamski, cependant: «Le but perdu hier peut être regagné demain. Cela ne signifie pas que nous croyons avoir atteint notre développement complet, et de très loin. Nous avons l'éternité devant nous à traverser. Mais, dans nos mondes nous ne connaissons plus la maladie et la pauvreté, comme vous. Ni le crime comme vous le connaissez.»[77]

De manière intéressante, suite à la rencontre de Stefan Denaerde avec ses hôtes en secourant l'un d'entre eux, il se demande si cela n'était pas en fait un moyen d'établir le contact et si son aide a réellement été nécessaire. La réponse est révélatrice en elle-même: «La valeur d'un acte désintéressé ne peut pas être altérée en demandant après-coup si il n'aurait pas pu être fait autrement.»[78] Par ailleurs, ses hôtes ne lui laissèrent aucun doute sur la qualité cruciale qui fait progresser le genre humain : « le désintérêt confère l'immortalité à une humanité intelligente.»[79]

Comme Ami l'a expliqué à Enrique Barrios: « S'il y a de l'amour en vous, vous serez heureux de servir les autres, et de cette façon, vous gagnerez le droit d'être servi...vous pouvez aller vous servir dans le champ de votre voisin de ce dont vous avez besoin; aller chez le laitier prendre du lait, prendre le pain chez le boulanger, ainsi de suite. Au lieu de faire les choses de manière isolée et désorganisée, la société s'organise elle-même et prend les produits à partir des centres de distribution. La technologie travaille à *votre* place...» Pete s'exclama : «Personne ne *fera* rien !» Mais Ami lui rétorqua: «Il y a toujours quelque chose à faire. Qu'y-a-t-il de mieux que le temps libre ?»[80]

Le contacté américain Buck Nelson a écrit en 1956 que lorsqu'il a vu la connexion entre les avantages d'une civilisation avancée qui n'a pas besoin de forces de police, de prisons et de bâtiments gouvernementaux, comme il a pu le constater sur Vénus : « et le fait que les choses qu'ils utilisent sont fabriquées pour durer pour toujours, tellement plus longtemps que les nôtres, que la maladie est pratiquement inconnue. Il n'est pas alors difficile de comprendre pourquoi ils travaillent environ une heure par jour et jamais plus de trois heures. S'agissant du travail domestique, l'homme de l'espace m'a dit qu'il ne nécessitait qu'une à trois heures. Cela laisse beaucoup de temps de loisirs et ils s'y consacrent beaucoup.»[81]

Quand Ami dit à son ami Pete que les gens 'd'Ophir' jouissent d'une pleine liberté, Pete lui demande s'il existe des lois. Ami lui répondit : « Oui, il y en a, elles sont toutes basées sur la Loi Fondamentale de l'Univers, sur le bien pour tous.»[82] Stefan Denaerde mis du temps à comprendre l'insistance de ses hôtes sur la nécessité de la Justice : « Bien que j'eus seulement commencé à m'habituer à cette lointaine culture, je finissais par comprendre que tous ici étaient égaux. Ils ont tous les mêmes maisons, circulent dans les mêmes voitures et montent dans les mêmes trains. Il n'y a ni riches ni pauvres; il n'y a aucune discriminations entres les nationalités, les races ou les couleurs.»[83] Ils lui expliquèrent: « Ce dont nous avions besoin pour créer un haut niveau culturel reposent sur trois valeurs: la liberté, la justice et l'efficacité. (...) Tu es choqué par notre efficacité. Pour nous, il s'agit de la chose la plus normale du monde. Sans ce concept, nous ne pourrions simplement pas exister. Sans efficacité, notre monde s'effondrerait immédiatement. Tu seras continuellement confronté à ce concept dans nos explications car tu dois acquérir une vision claire de l'articulation de ces trois concepts - liberté, justice et efficacité - que nous utilisons pour atteindre un niveau de civilisation stable»[84]

Lorsque nous examinons les propositions qui furent mises en avant par la Commission Brandt en 1980, on peut se rendre compte à quel point la justice et l'efficacité manquent sur Terre: un programme d'aide d'urgence pour venir en assistance aux pays au bord du désastre; l'effacement de la dette; la réduction du commerce de l'armement; une responsabilité globale de l'environnement; et une refonte complète du système économique global.

L'hôte de M. Denaerde explique aussi: «la justice est une condition pour l'efficacité. Par exemple, si le logement démontre une différence de statut entre les gens, alors la justice est en échec. L'efficacité dans de telles conditions est impossible. Elle exige, par conséquent, une façon de vivre différente plus sociale.»[85]

De façon à garantir un tel engagement pour un futur viable, M. Denaerde entendit: «Tous les habitants de 'Iarga' ont les mêmes responsabilités envers les enfants dans les groupes dans lequel ils vivent. L'éducation des enfants vers un état mental stable et développé à l'âge adulte nécessaire pour un développement culturel élevé est une charge difficile et compliquée. Les écoles sèment la connaissance au moyen de la radiation mais les adultes doivent aider les enfants à transformer la connaissance en expérience. Le foyer joue un rôle important dans ce développement. Une humanité qui aspire à augmenter le niveau de revenus doit apporter le maximum d'attention sur l'élévation du niveau mental, car le salaire général minimum doit être équilibré par ce niveau mental. La valeur et les différences de niveaux entre les gens ne peuvent être surmontés que par un niveau mental élevé.»[86]

Denaerde explique: «la méthode éducative est exactement la même que celle utilisée pour moi à bord du vaisseau: un film avec une explication simple; l'information réelle était transmise par la radiation. (...) Cette éducation basique se poursuit jusqu'à l'âge de 15 ou 16 ans. Quand je pense aux informations acquises en quelques jours, je peux imaginer le niveau atteint par ces enfants soumis à cette radiation pendant dix ans et plus. L'enseignement de base doit être au-dessus du niveau de nos universités. Une fois accomplit cette instruction de base, les enfants évoluent vers les écoles avancées. Un immeuble cylindrique normal où tous les étudiants vivent ensemble et où ils peuvent se spécialiser dans les matières souhaitées.» [87]

C'est seulement lorsque l'homme est libre de toute influence matérielle qu'il peut réussir à élever les enfants. Grâce à une attitude désintéressée, ils sont libres et heureux. Vous devez leur enseigner l'amour et le souci de se préoccuper des autres. Ils doivent apprendre à être très expressifs dans leurs sentiments. Cela exige une grande aptitude à l'éloquence, à mettre leurs sentiments en mots. Cela caractérise l'honnêteté, la spontanéité et l'enthousiasme, l'entraide et par-dessus tout, leur capacité à aimer les contacts au-delà du physique vers les plus hautes cimes spirituelles. Nous cherchons l'aventure dans la quantité et la profondeur de nos contacts humains.»[88]

«Le bonheur et la satisfaction résident dans l'atteinte des objectifs de votre créativité avec les autres, du moment que cela renforce le respect de vous-mêmes.»[89] « Quiconque remplit sa tâche avec intérêt et inventivité se sent heureux. Que peut-on attendre de mieux dans la vie que la réussite dans l'amour et d'être en mesure de l'enseigner à vos enfants.»[90]

Ici aussi, d'autres ont fait part de notions similaires. Enrique Barrios, par exemple, a dit : «le but de la vie est d'être heureux, de se réjouir, mais le plus grand bonheur vient en servant les autres...»[91] Et Georges Adamski a apprit: « La vie est plus heureuse [sur les autres planètes], car tous travaillent et vivent pour le bien commun.»[92]

Il développa par la suite : «chaque personne est née pour remplir une destinée. Dans les conditions actuelles, quand bien même nos désirs intérieurs languissent vers d'autres buts, notre première considération doit être d'assurer le nécessaire au quotidien. Puisqu'aucun homme n'a pas en lui cette aspiration profonde, si les limitations le contraignant dans les circonstances actuelles étaient levées, il serait en mesure de la poursuivre naturellement pour son amélioration et celle du genre humain.

« On m'a dit que le niveau intellectuel sur les planètes voisines est comparable à celui sur Terre. Il y a des ouvriers, des scientifiques, des fermiers, ainsi de suite. Tous sont nécessaires pour faire une civilisation bien équilibrée, ainsi chacun est traité avec le même respect; car, ils jouent tous un rôle dans la résolution des problèmes de la planète. Ils ont l'habitude de travailler quelques heures par semaine et de consacrer leur temps à l'étude, la détente et les voyages. Non seulement, ils voyagent de manière intensive dans leurs mondes mais se rendent aussi sur les autres planètes de notre système et quelquefois au-delà. (...) Est-ce là une vie insipide ? Cela ne nous donnerait-il pas le loisir de développer nos talents naturels, au lieu des les étouffer ? Gardez à l'esprit, que là où il y a de l'intérêt, vous trouverez toujours une motivation pour aller vers plus de raffinement. L'ennui, que la plupart des Terriens craignent, est le résultat d'une immaturité mentale. Ces gens s'ennuieront quelque soit l'agenda de tâches chronophages qu'ils s'imposent à eux-mêmes.»[93]

La notion de créativité 'Iargienne' semble confirmer cela: «la créativité est conçue comme une occupation continuelle à changer les circonstances de sa vie ou celles d'un autre.»[94] Stefan Denaerde explique l'importance qu'accordent les 'Iargiens' à ce qu'ils envisagent comme le but de leur existence, qui «résulte dans un intérêt suprême de se libérer pour développer sa créativité personnelle. Avec cette idée en tête, ils ont créé un système hautement efficace de production complètement automatisée. Ensuite, ils ont cherché à réduire la consommation de biens et de services en faisant appel à l'auto-discipline, afin d'atteindre une réduction de la production ou une augmentation de la population. Finalement, ils ont atteint une situation où chacun, sans exception, travaille directement seulement un jour par semaine sur le processus de fabrication. La contrainte volontaire sur la consommation et l'égalité sur la charge de travail non-créative, conduit automatiquement à l'égalisation des revenus. Les gens renoncent à leur droit de consommer et leurs besoins diminuent.

«Alors survint un grand moment dans le développement de l'humanité 'Iargienne', où le contrôle de la consommation a été levé. Tous les biens et les services sont librement disponibles pour tous au-dessus d'un certain âge. L' Âge de l'auto-discipline individuelle arrive à maturité, tandis que l'Âge de la cupidité matérielle a été vaincu. Les Iargiens considèrent cela comme l'avènement de la super-culture. Le libre-accès de tous à cette prospérité, mets un individu dans l'impossibilité d'être dans l'envie en se comparant aux autres.»[95]

Même lorsque ce stade est atteint, le Maître de Vénus confirma à Adamski: « nous n'éprouvons jamais de monotonie chaque moment qui passe est un moment de joie, peu importe le travail que nous avons à faire si ce que vous appelez travail doit être accompli, nous le faisons de bon cœur et dans la joie. Sur notre planète, chaque jour qui passe apporte son quota de charges de travail comme sur votre planète. [96]

Dans l'un de ces premiers messages délivrés par l'entremise de Benjamin Creme, l'Instructeur Mondial nous rassure sur le fait que vivre en harmonie n'équivaut pas à vivre dans une routine fastidieuse: « Permettez-moi de vous montrer le chemin, qui mène à une vie plus simple, où personne ne connaît la privation, où tous les jours sont différents, où la joie de la Fraternité se manifeste à travers tous les hommes.»[97]

Depuis la seconde guerre mondiale, nos gouvernements, nos militaires et nos scientifiques gaspillent l'argent public, leur temps, leur énergie et leurs talents à concevoir des armes de plus en plus destructrices, exacerbant une indicible et continuelle souffrance pour des millions de personnes sur Terre. Pendant ce temps, les gens de l'espace ont fait part, de manière discrète, de leurs vues capitales sur les solutions à nos problèmes. On peut présumer qu'ils l'aient fait également au cours d'échanges avec les gouvernements. Néanmoins, les récits des gens 'ordinaires ' ne laissent guère de doute sur ce qu'il y a à faire dans un monde où la liberté et la justice ne sont accessibles qu'à ceux qui ont l'argent pour se les garantir: remplacer la cupidité et la compétition par le partage et la co-opération; abolir toutes formes de discrimination et établir des relations humaines correctes. Ce sont là, nous dit-on, les clefs de l'établissement de la liberté et de la justice pour tous, qui à elles seules, peuvent garantir une paix durable.

Malheureusement, les énormes inégalités d'aujourd'hui, laissent un grand nombre de gens sans pouvoir devant la privation de leurs droits, voire même cyniques sur les promesses d'un avenir meilleur. Il est pour eux plus facile d'écarter la perspective d'un avenir d'harmonie où chacun vit dans la liberté et la justice , comme des rêves d''hippies' attardés', de vœux pieux etc. Cependant, on dit à Enrique Barrios : «Vous approchez d'un point décisif dans l'évolution de la Terre, une période où soit vous réalisez l'unité et vous créez ce que certains appellent 'l'Ère du Verseau', ou vous causez votre propre destruction.»[98]

Wilbert Smith développa cette idée ainsi : « Nous sommes arrivés à un temps dans notre développement où nous devons faire un choix final entre ce qui est juste et ce qui est erroné. Les gens d'ailleurs sont davantage concernés par le choix que nous ferons, en partie parce qu'il aura des répercussions sur eux, et, pour une autre partie, parce qu'ils sont nos frères de sang et qu'[ils] sont profondément préoccupés par notre salut.»[99]

Lorsque notre système s'effondrera, nos structures s'écrouleront.Le temps du choix crucial arrivera, allons nous choisir de retourner à la fausse liberté du 'marché libre', basée sur l'illusion du choix créée en pillant et gaspillant les ressources, les talents, le temps et l'énergie, ou aurons-nous la prise de conscience et le courage de choisir la vraie liberté basée sur l'affranchissement de la peur et de l'envie, et la liberté de pensée ?

Addendum: Iarga, Ophir et Clarion ou Mars, Vénus et Saturne ?

Comme mes recherches précédentes l'indiquent, la présence extraterrestre sur notre planète provient de notre propre système solaire (voir pages 77-78). A ce sujet, les chapitres 5 et 6 d'*Ici pour aider, les ovnis et les gens de l'espace*. L'idée d'origine se trouve dans les déclarations des premiers contactés aux USA (Adamski, Nelson, Menger) et aussi ailleurs (Kraspedon, Smith, Ghibaudi). Elle est aussi corroborée par l'information venant des Instructeurs de l'humanité qui prodiguent les enseignements de la Sagesse Immémoriale. La dérision et la diffamation qui se sont abattues sur ces contactés donnent d'amples raisons au fait que d'autres contactés (comme Bethrurum, Angelucci, Meier, Denaerde) disent que leurs contacts provenaient d'autres systèmes solaires voire d'autres galaxies. C'est pour cette raison que les noms donnés aux planètes d'origine de leurs contacts ont été mises entre guillemets dans ce livre.

Etant donnée l'urgence de l'information qui a été compilée dans ce volume, pinailler sur leur origine n'est sans doute pas la chose la plus importante. Néanmoins, il peut être intéressant d'élargir notre vision de notre système solaire si on arrivait à identifier les planètes dont parlent les contactés, en recoupant les descriptions parfois très détaillées avec les informations communiquées et attribuées à des planètes de notre système solaire.

Certains contactés ont partagé des informations sur leurs contacts qui semblent être confirmées par d'autres. Truman Bethurum, par exemple, demanda à la capitaine de la soucoupe qu'il rencontra sept ou huit fois, «si elle pensait que nous connaissions sur Terre [leur planète Clarion] sous un autre nom, comme Mars ou Jupiter... Elle sourit et m'assura que tel n'était pas le cas.»[100] Cependant, lors d'une autre rencontre, elle lui dit: « nous avons un nom pour chaque chose de la même façon que sur Terre, tous les gens ont un nom. Il y a donc une possibilité que nous ayons des noms différents pour les mêmes planètes ou autres choses que nous ayons en commun à eux et nous...»[101] Le Maître de Benjamin Creme a déclaré que les contacts de M. Bethurum étaient d'origine Saturnienne.[102]

Dino Kraspedon, qui – comme Truman Bethurum – a été invité à bord d'une soucoupe au sol, signale que le capitaine d'une des soucoupes qu'il rencontra la première fois en Novembre 1952 a dit qu'il venait 'd'un satellite de Jupiter'[103], tandis que Benjamin Creme a dit que les habitants de Jupiter «vivent sur les différentes lunes orbitant autour de leur planète.»[104]

Quand M. Kraspedon exprima son étonnement devant la taille de ses visiteurs, on lui fit la remarque que : « nous ne sommes pas tous de petites tailles. Sur le même satellite nous avons des hommes petits ou grands, blancs, noirs, ou sombres. Les Terriens sont généralement grands, mais il y a aussi des pygmées, des gens de taille moyenne, des blancs, des rouges, des sombres et des noirs. La nature révèle son unité dans la diversité.»[105] Dans un commentaire éditorial sur un résumé du livre de la contactée Canadienne Miriam Delicado *Blue Star*, le Maître de Benjamin Creme a dit que les êtres de grandes tailles dans son récit venaient de Jupiter. Creme a donné également une courte description, tout à fait éclairante de quelques unes des autres planètes d'où il dit que les ovnis en proviennent.[106]

A propos de Vénusiens, Dino Kraspedon dit qu'ils atteignent la taille d'1m80. «Ils appartiennent à différentes races, à dominantes claires. Leurs corps sont bien faits et ressemblent beaucoup aux Terriens, en apparence et en esprit. Ils sont énergiques, communicatifs, gentils et surtout de mentalités spirituelles.»[107] Les descriptions des Vénusiens de Georges Adamski et Howard Menger sont très similaires et corroborent l'affirmation de Benjamin Creme que Vénus est «incroyablement» avancée.

Dans une série de questions et réponses, le contact de Dino Kraspedon lui dit : « Sur Pluton la vie est très similaire à celle sur Terre. Les gens sont identiques en à peu près tout. Mais indépendamment de leur intelligence avancée, ils sont enclins au mal et négligent Dieu. Ils se laissent aller à leurs plus bas instincts. Ils ont appris à voyager dans l'espace il y a très longtemps. Ils ne se font pas la guerre-hélas, la guerre n'existe que sur Terre. Ce sont des êtres dangereux, et tous les cas de soucoupes qui ont fait du mal à des gens sur Terre peuvent leur être attribués.»[108] Dans une question sur les êtres de Pluton, Benjamin Creme déclara qu'«ils sont des êtres que vous n'aimeriez pas rencontrer par une nuit noire !»[109]

La Sagesse Immémoriale tient pour principe qu'une planète traverse sept rondes, ou 'incarnations', chacune durant des millions d'années. A propos de Mars, M. Creme a dit qu'elle est au même stade d'évolution que la Terre, tandis que Vénus, qui est dans sa dernière ronde, est pratiquement parfaite. Il dit néanmoins que «Mars n'a pas fait autant d'erreur que nous n'en avons fait. C'est pourquoi, ils disposent d'une technologie incroyablement en avance sur la nôtre...Ils fabriquent la plupart des vaisseaux que nous observons et que nous appelons ovnis. Cela va du petit patrouilleur jusqu'aux gigantesques vaisseaux-mères. Certains vaisseaux Vénusiens sont même faits sur Mars, selon les spécifications des Vénusiens.»[110] M. Creme a indiqué à plusieurs occasions que Mars était «l'usine de fabrication des vaisseaux spatiaux pour notre système solaire; ils fabriquent 90% environ de tous les vaisseaux.»[111] Le Maître de Benjamin Creme déclara également: «les Martiens sont les plus grands ingénieurs de l'espace»[112] Il est intéressant de noter que Truman Bethurum observa aussi que «Mars est une grande planète de fabrication.»[113] Mais encore, Adamski : «Mars, comme je l'ai compris, est hautement avancé en science et en fabrication.»[114]

En lisant, le récit de Stefan Denaerde au sujet de ce qu'on lui fit visiter sur 'Iarga', on sera aisément pardonné de penser qu'il s'agit bien de la même planète. «Ils me firent visiter deux de leurs complexes entièrement automatisés: un centre de production d'automobiles et un autre de ponts ferroviaires trans-océaniques (...) mais je vous épargne les détails. Le besoin d'écrire continuellement avec des superlatifs tend à engendrer l'aversion...Comment les Iargiens arrivent à développer et construire de tels monstres mécaniques est un mystère pour moi. Ils considéraient souhaitable de me montrer l'usine robotisée de production de maisons... Je les remerciais poliment de leur offre, mais j'avais vu assez d'automates...»[115]

Stefan Denaerde situe 'Iarga' dans un autre système solaire, « à pas plus de dix années-lumières de nous»[116] Il est abasourdi par son énorme population - à un endroit il la chiffre à 300 Milliards[117]. Néanmoins, on ne peut exclure la possibilité, qu'a certains moments il se plie à la demande de ses hôtes de faire des inexactitudes.» (voir page 6). Maintenant, si on regarde ce que dit Benjamin Creme au sujet de la densité de population sur Mars, nous sommes encore confrontés à une similitude frappante: «...il y a plus de Martiens sur Mars que de gens sur Terre. Nous sommes 6,7 milliards de gens sur Terre. Mars est plus petite que la Terre; il y a des gens plus petits sur Mars.»[118]

Au sujet de ses hôtes de Iarga, Stefan Denaerde écrit : «...dans leurs actions, ils agissent à la vitesse de la lumière en mettant en évidence leur incroyable force. Ils sont comme des volcans. Après une période repos, ils explosent d'énergie et d'humeur, à rendre jaloux un Espagnol.»[119] Il ajouta plus tard: «leur comportement envers les uns les autres est réellement remarquable. Je n'ai jamais vu un homme à proximité d'une femme, qui n'a pas mis au moins un bras autour d'elle. Une grande accolade était la manière normale de se saluer, pour les enfants également.»[120] Dino Kraspedon dit au sujet des Martiens: «Sur Mars il y a deux ethnies : une à peau claire, une autre à peau sombre. Les gens à peaux claires sont les plus dociles et les plus doux, ceux à peaux foncés sont de stature plus courte et remplis de vitalité.»[121]

Selon Benjamin Creme, Mars n'a pas le même statut dans l'évolution que Vénus et comporte trois zones: A, B et C. Dans la zone A, la sphère la plus haute «les gens sont l'équivalent de Dieux, des êtres parfaits». On peut présumer qu'ils sont comparables à nos Frères Aînés de l'Humanité, les Maîtres de Sagesse. Dans la zone B, «il y a des gens assez évolués mais pas encore parfaits. Dans la zone C, les gens ne sont pas très évolués.»[122] Il a également déclaré que la vie sur Mars a cessé de se manifester sur le plan physique dense, il y a 3 millions d'années, et que donc, depuis lors, la vie réside sur le plan éthérique physique.[123]

De façon intéressante, dans une description plus obscure de l'évolution de la vie sur 'Iarga', Stefan Denaerde a donné quelques indices sur les raisons d'une telle forme de 'ségrégation' selon la ligne évolutive de cette planète: «Sur Iarga, au contraire de la Terre, Dieu se manifeste en procédant à une sélection pendant le cours de la vie de l'individu. Il a continuellement sorti les égoïstes et ainsi accélérer la polarisation mentale de la génération en cours. Les égoïstes sont placés dans des conditions d'existence différentes où ils suivent leurs propres lignes de développement. (...) Ils constituent le dernier groupe survivant à avoir causé des souffrances indescriptibles dans l'existence des autres...»[124] La traduction de 1982 ajoute: «Sur Terre, la mauvaise herbe grandit avec le maïs jusqu'à la moisson, et c'est à ce moment que le choix se fait. A cause de cela, l'humanité ne peut pas progresser mentalement. Vous êtes toujours ennuyés par l'élémental démoniaque qui fait partie de la dualité humaine et il n'y pas d'issue. Sur Iarga, de son côté, les mauvaises herbes sont constamment retirées, ce qui neutralisent l'élémental démoniaque. (...) A cause des conditions planétaires, l'homme est obstiné et désobéissant. Il n'obéit pas à Dieu, n'a pas de commandement, ni de conscience; il prétend même qu'il n'en a pas et qu'il sait déjà tout (...) Une large place au désintérêt ne peut être faite que dans un environnement protégé du mal.»[125]

Certaines descriptions ci-dessus montrent de réelles similitudes entre les descriptions de M. Denaerde de 'Iarga' et celles faites par d'autres sur Mars. Bien qu'inévitablement, les informations des contactés sont colorées par leur propre histoire, leurs conditionnements et leurs dispositions, il est peut-être intéressant de comparer la nature ou le 'ressenti' des communications de quelques unes des sources.

Par exemple, si 'Iarga' est bien Mars, comment la 'couleur' ou la 'tonalité' des communications des contacts d'Adamski de Vénus et Mars se comparent à ceux de M. Denaerde ? Pour s'en rendre compte, regardons ces trois citations de sources différentes qui concernent toutes le même sujet de l'urgence de retrouver la source innée de l'amélioration du genre humain:

1- "Inhérent à tous les genres humains, tout aussi profondément enfouie qu'elle puisse être, brille une aspiration à quelque chose de supérieure. Votre système scolaire sur Terre est, dans un sens, modelé sur la progression universelle de la vie. Car dans vos écoles, vous progressez de niveau en niveau et d'écoles en écoles, vers une éducation plus haute et plus complète. De la même manière, l'homme progresse de planète en planète, et de systèmes en systèmes vers une compréhension plus haute et un épanouissement dans la croissance universelle et le service."[126]

2- "Les peuples de la Terre sont devenus des entités séparées qui ne sont plus véritablement humaines en expression comme ils l'étaient au commencement.

Maintenant, ils sont réduits en esclavage de leurs habitudes. Néanmoins, emprisonnés dans ces habitudes habitent toujours en eux l'âme originelle qui aspire à donner expression à l'héritage divin qu'elle a reçu.(...) Et c'est pourquoi, désirant une expression plus grande et plus subtile, plus souvent que l'homme n'en a conscience, quelque chose d'émouvant au plus profond de son être, provoque un malaise inconfortable dans le moi pris par les liens routiniers."[127]
3- "l'individualité s'exprime par l'égocentrisme, la cupidité et par l'avarice. Dans sa quête continuelle pour atteindre un but matériel, une mesure de satisfaction est ressentie, mais quand le but est atteint, la satisfaction s'avère toute relative et de courte durée: un simple objet de comparaison avec ce que les autres ont. De fait, elle continue vers un autre but, habituellement un revenu plus élevé ou une position plus haute, et la quête se poursuit. En effet, la satisfaction réside dans la quête elle-même."[128]

La première citation est tiré du livre de Georges Adamski, *Inside the Space Ships* où il cite le Maître de Vénus, dont Benjamin Creme dit qu'elle est la planète la plus avancée du système solaire. La deuxième est tirée du même livre mais est de Firkon, le contact d'Adamski de Mars. La troisième est d'un contact de Stefan Denaerde sur 'Iarga'. La première et la seconde citation relèvent toutes d'eux d'une source élevée, tandis que la troisième bien que très incisive, est nettement plus prosaïque. Basé sur la description de Mars de Benjamin Creme, cela semble indiquer la possibilité que le contact Martien d'Adamski était de la zone A et ceux de Denaerde de la zone B. A présent, les lecteurs ne seront pas surpris qu'en réponse à cette question Benjamin Creme confirma cette dernière conclusion.[129]

Clairement, dans son ensemble, aucune preuve formelle n'est possible avant le jour du contact public, ou lorsque nous aurons développé la vision éthérique. Cependant, comme démontré ici, des inférences intéressantes peuvent être faites en comparant et synthétisant les informations de différentes sources. (Voir aussi Appendice 1).

Notes

1 Benjamin Creme (1979), *La Réapparition du Christ et des Maîtres de Sagesse*, édition anglaise p.206
2 Alberto Perego (1963), *L'aviazione di altri pianeti opera tra noi: rapporto agli italiani: 1943-1963*, pp.532-534
3 Creme (2010), *Le Rassemblement des Forces de Lumières*, édition anglaise p.29
4 Ibidem, p.24
5 George Adamski (1955), *Inside the Space Ships*, p.165
6 Buck Nelson (1956), *My Trip to Mars, the Moon and Venus*, p.8

7 Truman Bethurum (1954), *Aboard a Flying Saucer,* p.85
8 Howard Menger (1959), *From Outer Space to You,* p.100
9 Ibid., p.163
10 Adamski (1957-58), *Cosmic Science for the Promotion of Cosmic Principles and Truth – Questions and Answers,* Series No. 1, Part No.5, Question #100
11 Adamski (1955), op cit, p.235-36
12 Ibid., p.66-67
13 Stefan Denaerde (1977), *Operation Survival Earth,* p.30
14 Adamski (1957-58), op cit, Part No.5, Question #100
15 Nelson (1956), op cit, p.5-6
16 Ibid., p.16
17 Menger (1959), op cit, p.163
18 Bethurum (1954), op cit, p.58
19 Ibid., p.72
20 Ibid., p.137
21 Nelson (1956), op cit, p.13
22 Menger (1959), op cit, p.58
23 Alice A. Bailey (1953), *Traité sur les sept Rayons, Vol. V – Guérison Esotèrique,* édition anglaise, pp.549-50
24 Denaerde (1982), *Contact from Planet Iarga,* p.91
25 Ibid., p.65
26 Adamski (1957-58), op cit, Part No.1, Question #10
27 Ibid., Question #9
28 Nelson (1956), op cit, p.11
29 Barrios (1989), *Ami, Child of the Stars,* p.12
30 Adamski (1955), op cit, p.94
31 Ibid., p.138
32 Denaerde (1977), op cit, p.59-60
33 Ibid., p.45
34 Daniel Fry (1954a), [A Report By Alan] *To Men of Earth,* dans: Fry (1966), *The White Sands Incident* p.87
35 Ibid., p.91-92
36 Willy Brandt (ed.; 1980), *North-South – A Programme for Survival,* p.13
37 Maître de Benjamin Creme (1989), '*Le Réajustement des Priorités*', dans Creme *Un Maître Parle,* pp.153-54
38 'La déclaration Universelle des Droits de l'Homme'. Lien internet :<www.un.org/en/documents/udhr/>
39 Creme (2001), Le Grand Retour, p.20
40 Adamski (1957-58), op cit, Part No.1, Question #19
41 Adamski (1955), op cit, p.67
42 Adamski (1957-58), op cit, Part No.1, Question #18
43 Denaerde (1977), op cit, p.43
44 Desmond Leslie et George Adamski (1970), *Flying Saucers Have Landed,* p.242

45 Barrios (1989), op cit, p.76
46 Ibid., p.77
47 Ibid., pp.91-92
48 Denaerde (1977), op cit, p.41
49 Ibid.
50 Menger (1959), p.165
51 Ibid., p.163
52 Denaerde (1977), op cit, p.49
53 Ibid., p.49
54 Ibid., p.58
55 Ibid., p.63
56 Ibid., p.38
57 Ibid., p.43
58 Ibid., pp.43-44
59 Ibid., p.44
60 Ibid., p.47
61 Ibid., pp.46-47
62 Ibid., p.48
63 Ibid.
64 Ibid.
65 Denaerde (1982), op cit, p.65
66 Denaerde (1977), op cit, p.47
67 Denaerde (1982), op cit, p.64
68 Denaerde (1977), op cit, p.52
69 Barrios (1989), op cit, p.90
70 Ibid., p.93
71 Ibid., p.75
72 Adamski (1955), op cit, p.241
73 Ibid., p.166
74 Adamski (1964), '*The Space People*', in: Gerard Aartsen (2010), *George Adamski – A Herald for the Space Brothers* (2010), p.113
75 Adamski (1955), op cit, p.86
76 Ibid., p.168
77 Ibid., p.184
78 Denaerde (1977), op cit, p.24
79 Ibid., p.39
80 Barrios (1989), op cit, p.92
81 Nelson (1956), op cit pp.10-11
82 Barrios (1989), op cit, p.79
83 Denaerde (1977), op cit, p.38
84 Ibid., p.32
85 Ibid., p.24
86 Ibid., p.58

87 Ibid., pp.54-55
88 Ibid., p.62
89 Ibid., p.92
90 Ibid., p.58
91 Barrios (1989), p.39
92 Adamski (1957-58), op cit, Part No.1, Question #11
93 Ibid., Part 2, Question #45
94 Denaerde (1977), op cit, p.61
95 Denaerde (1982), op cit, p.92
96 Adamski (1955), op cit, pp.204-05
97 Maitreya, dans Creme, *Messages de Maitreya, le Christ* N°3 du 22 Septembre 1977
98 Barrios (1989), op cit, p.99
99 Wilbert Smith (1969), *The Boys From Topside*, op cit, p.29

Iarga, Ophir et Clarion

100 Bethurum (1954), op cit, p.83
101 Ibid., p.103
102 Creme (ed., 2014), magazine *Partage International* No.6, Juillet /Août 2014, édition anglaise p.28
103 Dino Kraspedon (1959), *My Contact with Flying Saucers*, p.29
104 Creme (1997), *la Mission de Maitreya*, Vol.3 édition anglaise p.341
105 Kraspedon (1959), op cit, p.29
106 Creme (ed., 2009), magazine *Partage International* No.1, Janvier/Février, édition anglaise pp.26-27
107 Kraspedon (1959), op cit, p.190
108 Ibid., p.191
109 Creme (2001), op cit, p.135
110 Creme (2010), op cit, pp.43-44
111 Creme (2009), 'Questions/ Réponses', magazine *Partage International* , Septembre, édition anglaise p.26
112 Interview avec le Maître de Benjamin Creme Dans Creme (1997), op cit, p.194
113 Bethurum (1954), op cit, p.85
114 Adamski (1961), *Flying Saucers Farewell*, p.92
115 Denaerde (1982), op cit, pp.55-57
116 Denaerde (1977), op cit, p.27
117 Ibid., p.31
118 Creme (ed.; 2009), op cit
119 Denaerde (1977), op cit, p.24
120 Ibid., p.56
121 Kraspedon (1959), op cit, p.190
122 Creme (2010), op cit, p.44
123 Ibid., p.43
124 Denaerde (1977), op cit, p.103

125 Denaerde (1982), op cit, pp.88-89
126 Adamski (1955), op cit, pp.88-89
127 Ibid., p.116-17
128 Denaerde (1977), op cit, p.61
129 Creme (ed., 2014), op cit

Vie sur les autres planètes (pp.85-86)
a Menger (1959), op cit, p.162, et Aartsen (2011), *Ici pour Aider, les ovnis et les gens de l'espace,* p.140
b Creme (2001), *Le Grand Retour*, édition anglaise p.129
c Menger (1959), op cit, pp.126-27
d Adamski (1957-58), op cit, Partie 1, Question #12
e Adamski (1965), *Answers to Questions Most Frequently Asked About the Space Visitors and Life on Other Planets*, p.16
f Aartsen (2011), op cit, pp.92-98
g Menger (1959), op cit, p.84
h Aartsen (2011), op cit, p.92
i Steve Connor (2015), 'The galaxy collisions that shed light on unseen parallel Universe'. *The Independent,* 26 Mars. Lien internet :<www.independent.co.uk/news/science/the-galaxy-collisions-thatshed-light-on-unseen-parallel-universe-10137164.html> [Atteint le 27 Mars 2015]

4. Une nouvelle civilisation: à nous d'ouvrir la voie

« Les nouvelles énergies du Verseau, qui montent chaque jour en puissance, produisent déjà leurs effets et sont à l'origine des changements qui s'effectuent maintenant à un niveau planétaire, dans tous les domaines. Ces changements sont appelés à refléter la qualité et la nature intérieure des énergies du Verseau - à savoir la synthèse. En opérant la fusion et l'union des multiples facettes de notre vie, ces énergies de synthèse ont pour but d'amener l'humanité à prendre conscience de son Unité, à évaluer le rôle qui lui incombe dans le Grand Plan, à exprimer sa capacité de manifester ce Plan par des relations justes sur le plan physique.»[1]

Le Maître de Benjamin Creme, qui a contribué au magazine *Partage International* par un article depuis son lancement en Janvier 1982, souligne ainsi le triple effet des nouvelles énergies qui entrent dans la planète au commencement de chaque nouveau cycle cosmique, de par le déplacement de l'alignement du système solaire de la constellation des Poissons vers celle du Verseau. Ce fait est aussi reconnu par plusieurs contactés, comme nous le verrons dans ce chapitre.

Beaucoup seront conscients ou ont entendu parler de ce 'Nouvel Âge'. Même ceux qui en écartent la notion purement mystique ne peuvent nier le fait de cet alignement cosmique. Ils peuvent nier le fait que les lointaines constellations ont des qualités énergétiques différentes qui affectent le cours des événements sur Terre. Cela est sans doute compréhensible, étant donné que l'humanité n'a pas encore traversé la période d'environ 2 150 ans afin de manifester ses effets de la même manière que l'état présent atteste de la sur-influence des qualités des Poissons qui sont l'individualité et la dévotion.[2]

Toutefois, il serait également difficile de nier que les gens n'assument pas leur destinée et ne souhaitent plus se soumettre à une autorité par démagogie, alors que dans le même temps ils font l'expérience de leur force en agissant de concert. Des exemples spectaculaires de cette tendance existent dans l'histoire récente, comme l'effondrement du mur de Berlin en 1989, la transition démocratique dans de nombreux pays d'Amérique du Sud, l'Indonésie et ailleurs, ainsi qu'une mobilisation massive pour la liberté et la justice à travers le 'Printemps Arabe', 'Occupy Wall Street', les 'Indignés' et autres mouvements. Au moment où nous écrivons, la vague de réfugiés et de migrants ne se laisse pas arrêtée par les barbelés, les murs ou les mers. Bien que les résultats de ces manifestations de la puissance du peuple peuvent sembler temporaires et même absents, leur signification réside dans leur apparition. Après tout, la chute du bloc communiste, montre que lorsqu'au bon moment, les bonnes personnes se coalisent sous la bonne impulsion, même l'impensable peut se produire.

C'est pour cette raison que le Maître de Vénus a dit à Adamski, bien avant l'utilisation universelle des réseaux sociaux d'aujourd'hui: « je pense que les gens de la Terre seraient étonnés de s'apercevoir combien les changements peuvent se répandre avec rapidité à travers la planète. Maintenant que vous avez le moyen de diffuser à l'échelle mondiale des messages poussant à l'amour et à la tolérance pour tous, à la place de la suspicion et de la censure, ils trouveront des cœurs réceptifs. Car la grande majorité de la population est lasse des luttes et de leurs conséquences malheureuses. Nous savons qu'elle a, plus que jamais, soif de connaître un nouveau mode de vie qui lui apportera la délivrance.»[3]

Alors, où commençons-nous ? comme indiqué ci-dessus, tout commence par une prise de conscience. Ami nous donne un aperçu émoustillant de notre capacité à dormir les yeux grands ouverts: «vous pensez que la vie n'a rien de merveilleux. Par conséquent, vous êtes hypnotisés. Vous n'écoutez pas la mer. Vous ne respirez pas les senteurs de la nuit. Vous ne prêtez pas attention à votre marche ou à votre respiration. Vous êtes hypnotisés par votre propre hypnose. Vous pensez que quiconque ne partage pas votre hypnose est votre ennemi. Tout cela est de l'hypnose et tout le monde est hypnotisé. Endormis. Chaque fois que quelqu'un ressent que la vie est belle, il s'éveille. Une personne éveillée sait que la vie est un paradis, et il s'en réjouit à chaque moment. Mais, n'en demandons pas tant dans un monde non-civilisé.»[4]

Par conséquent, le Maître Vénusien dit à Adamski, «[t]u dois inculquer du mieux possible dans l'esprit de tes frères sur Terre la compréhension que la connaissance d'eux-mêmes est la première des choses requises. Et la première question est: «Qui suis-je ? Par quelle voie puis-je retourner vers l'unité dont je suis tombé ?»[5] On a dit la même chose à Howard Menger: «l'homme doit apprendre qui il est, où il va, et quel est le but réel de sa présence sur cette planète.»[6]

C'est à l'unité du principe Divin, ou Cause, d'où nous tirons notre origine et devons notre existence que les visiteurs de l'espace se réfèrent continuellement, comme dans le cas du contact de Daniel Fry: «le genre humain...peu importe où et quand il vient en manifestation, est doté d'une conscience innée qu'il existe une intelligence infinie et une puissance suprême qui est au-delà de notre capacité de compréhension. Au cours des nombreux stades de son développement, l'attitude de l'homme envers cette puissance peut fluctuer entre la peur et le ressentiment, ou la révérence et l'amour. Mais il a toujours le désir instinctif d'en apprendre davantage sur le côté spirituel de sa nature et la sphère créatrice de son pouvoir.»[7] Et, «[c]omme l'esprit de l'homme gagne en compréhension et que sa conscience spirituelle évolue, il s'éveille au fait que c'est seulement par sa co-opération avec l'homme et l'Amour Spirituel de ce qu'il appelle Dieu qu'il peut effectivement améliorer les conditions de sa vie quotidienne.»[8] Pour cette même raison, Ami dit: «Si vous étiez conscients de vous-même comme vous l'êtes de ce qui vous entoure, vous découvririez tant de choses...»[9]

Notons qu'il ne s'agit pas là d'un appel à la foi religieuse simpliste que des millions de gens ont délaissé depuis 60 ou 70 ans. En fait, Adamski philosophait sur le vaisseau-mère Saturnien, «Tant de gens de part le monde ne sont pas conscients des causes sous-jacentes [aux problèmes qui assaillent l'humanité]. Cela ne pourra uniquement se produire que si les gens prennent conscience de ce qu'ils sont et, qu'avec tout leur cœur, ils désirent changer, en abandonnant leur cupidité personnelle et en plaçant au-dessus l'aspiration à l'éloge.»[10]

Pareillement, le contact de Daniel Fry lui dit: « Vos livres de philosophie stipulent que l'homme doit aimer son voisin et pardonner à ses ennemis. Nos livres, cependant, disent que si un homme comprend son voisin et que son voisin le comprend, ils ne seront jamais ennemis. Comprendre votre semblable requiert la faculté de se mettre à la place de l'autre et de voir les choses comme il les voit. Il y a une grande différence entre la connaissance et la compréhension. La connaissance vient de la tête et la compréhension du cœur.»[11]

Quand nous comprenons et nous connaissons nous-mêmes, le contact dit à M. Fry que: «les besoins et les désirs, les espoirs et les peurs de tous les peuples de la Terre, sont actuellement identiques. Quand ce fait est intégré dans la compréhension de chacun, alors vous aurez une base solide pour la création d'un 'Monde Uni' dont vos politiciens parlent avec aisance et vos leaders spirituels avec mélancolie.»[12]

Les contacts d'Adamski lui rappellent encore une fois: «nous, en tant que frères des autres mondes que le vôtre, regardons de manière impartiale les groupes divisés sur votre planète. Nous, qui en avons appris davantage concernant les lois du Père qui opèrent à travers tout l'univers, ne pouvons faire les distinctions qui vous maintiennent continuellement dans le tourment. Nous sommes tristes de voir ce qui se passe sur Terre. Nous, en tant que frères de toute l'humanité, sommes désireux de venir en aide à tous ceux que nous pouvons atteindre et souhaitent notre aide. Mais à aucun moment, nous ne pouvons imposer notre façon de vivre aux personnes de votre monde.»[13] Cela confirme ce qui fut dit à Daniel Fry: «Si nous devions atterrir simultanément [aux USA et en Union Soviétique], le résultat serait...d'intensifier la course aux armements. Finalement, cela pourrait causer l'holocauste que nous tentons d'éviter.»

«Nous indiquerons la voie à suivre et vous aiderons à comprendre la sagesse de l'amour et de la co-opération. Nous vous apporterons toute l'aide à notre disposition, [mais toi et les autres personnes que nous avons contactées doivent répandre notre parole et aider le monde à comprendre.] A savoir si vos enfants auront un avenir, dépend largement du succès de vos propres efforts.»[14] Ils confirment que la séparation est la cause de tous nos maux: «[L]a possibilité d'une guerre atomique sur Terre n'est pas le problème, c'est simplement un symptôme et personne n'a jamais guéri une maladie en traitant uniquement les symptômes.»[15]

Pour ne laisser persister aucun doute, Adamski souligne devant son audience que: «certaines personnes mettent en avant l'idée erronée que les gens de l'espace sont là pour sauver 'quelques élus' en cas de guerre nucléaire ou si un désastre frappait la terre. C'est totalement faux. Seraient-ils dans le voisinage en cas de catastrophe, qu'ils feraient tout leur possible pour venir en aide; mais ils ne sont pas venus pour nous sauver de la situation dans laquelle nous nous sommes mis. Chaque planète, chaque individu, doit accomplir sa propre destinée en résolvant ces problèmes. « La loi de la fraternité nous tend une main depuis des âges innombrables. Ils vivent cette loi. Donc, s'ils devaient sauver des gens, ce ne pourrait être 'quelques élus'. Ce serait tous les gens à leur portée. Ils ne font pas de discriminations. Souviens-toi qu'ils ne reconnaissent pas nos différences de races et de religions.»[16]

Alan, le contact de Daniel Fry, lui explique : « chaque civilisation dans l'Univers, quelque soit où et quand elle apparaît, se développe premièrement par l'accumulation des connaissances et de la compréhension en résultat de la réussite de sa quête dans le domaine de la 'science'.» Cependant, il développe que le mot 'science' a un sens beaucoup plus large que l'approche réductionniste qui est si dominante aujourd'hui, et il en donne la définition suivante : «la recherche ordonnée et intelligente dirigée vers la vérité.» Alan distingue trois branches principales dans la science: la science physique ou matérielle, les sciences sociales, qui décrivent les relations de l'homme avec son semblable; la science spirituelle, qui couvre la relation entre «l'Homme et la grande puissance créatrice et l'intelligence infinie qui imprègne et contrôle toute la nature.»

«Toute la science de l'Univers, toute la recherche de la vérité et la poursuite de la compréhension rentrent dans l'une de ces catégories. On ne peut établir une division nette entre ces domaines, car ils se superposent certaines fois, mais les lois fondamentales qui gouvernent ces trois divisions sont identiques. Si une civilisation de l'Univers doit se développer complètement et avec succès, chacune des trois branches doit être poursuivie avec un effort égal et avec diligence.» Par contraste avec notre insistance sur la science matérielle, Alan dit, «[l]a Spiritualité et les sciences Sociales, cependant doivent venir en premier. Elles ne peuvent dépendre du développement matériel tant que vous n'avez pas bâti des fondations solides dans les sciences spirituelles et sociales.»[17]

Le fait que les sciences sociales - qui traitent des relations correctes entre les hommes - ne soient pas confinées ou limitées aux universitaires est un thème récurrent dans les récits de tous les premiers contactés. Par exemple, Georges Adamski disait à son auditoire : « je peux vous garantir une chose, les gens de l'espace ne sont pas venus pour satisfaire leur curiosité personnelle. Pour le moment, on m'a dit que la meilleure façon d'aider est de commencer à vivre avec plus de respect les uns pour les autres. Car dans la mesure, où cela serait appliqué à travers le monde, la peur et l'hostilité diminueraient entre les peuples, ouvrant un champ fertile pour le travail d'amélioration pour tous. Mais le succès final dépend de chaque individu. (...)

«Nous devons apprendre à vivre humblement, en respectant nos semblables quelque soit leur couleur de peau et leur position dans la vie. Mais c'est un problème que chaque personne, et chaque nation doit résoudre individuellement.»[18] En d'autres termes, le changement réel ne peut venir que de l'intérieur, et à condition de le manifester. Il n'y a aucun argument valable à devenir conscient des relations humaines correctes ou autres et de ne pas en donner des marques dans notre relation à autrui.

Les effets de tels changements sont insondables. Il ajoute: «chaque individu est un centre radiant d'influence, dont l'ultime circonférence ne peut être perçue par personne. Observez vos pensées et rendez vous compte si elles sont du type que vous désirez réellement entretenir. Si non, changez les pour les accorder à vos meilleures aspirations. Devenez le maître de votre esprit...non son esclave. Observez votre attitude envers les autres - affaires, amis, étrangers, membres de votre famille. Êtes-vous polis avec certains, tolérants envers les autres et querelleurs avec les plus proches de vous ? ou faites-vous preuve de compassion et

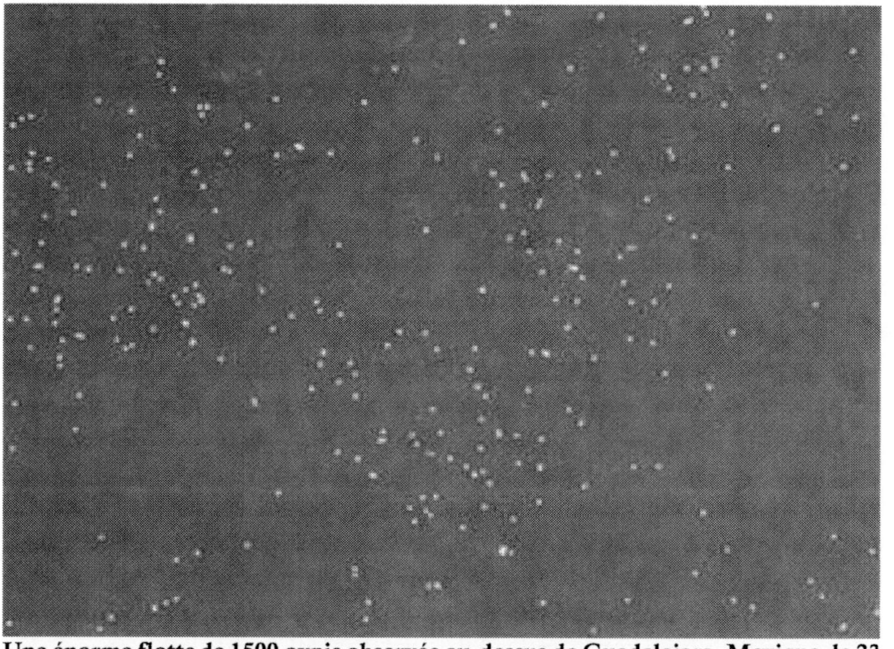

Une énorme flotte de 1500 ovnis observée au-dessus de Guadalajara, Mexique, le 23 Octobre 2011 (ci-dessus) et une flotte de taille inconnue au-dessus de Sacramento, USA, le 13 Août 2011 (ci-dessous).

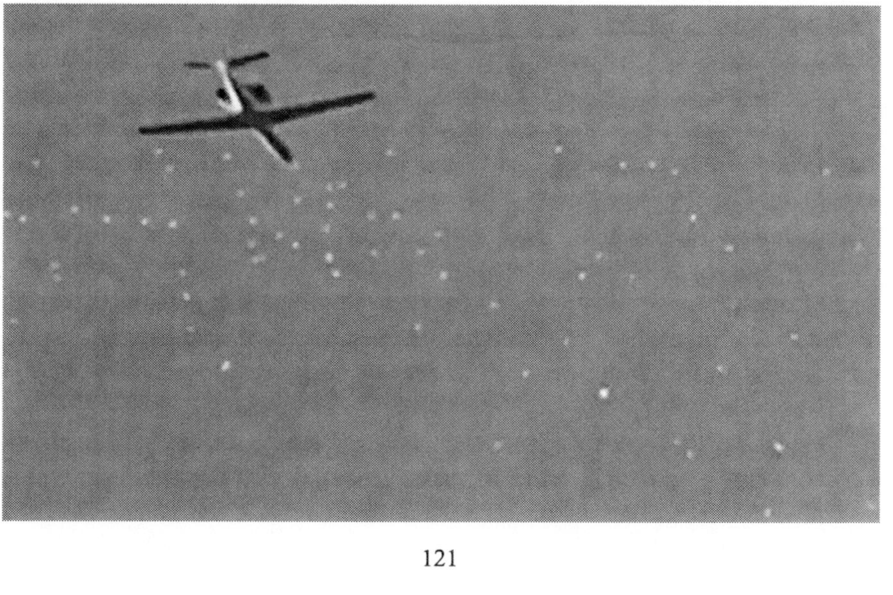

de gentillesse envers tous ? Le monde dans son ensemble est constitué de milliards d'individus, chacun d'entre eux étant important en tant que centre radiant d'actions. L'ensemble ne peut être changé à moins que et jusqu'au moment où chaque partie entre en coordination dans la coopération et l'harmonie avec tous les autres. Nous appelons cela la Fraternité Humaine.»[19]

Au même titre que l'attente d'une nouvelle révélation par un nouvel ou le retour d'un Instructeur (voir pages 39-40) et que le commandement de traiter les autres comme nous aimerions que l'on nous traite (Appendice II), la notion de transfert ou d'expansion de la conscience est aussi partagée par toutes les grandes religions. Elles la reconnaissent comme essentielle au développement personnel. Le livre *Presence-Human Purpose and the Field of the Future* donne un résumé intéressant et concis de la façon d'exprimer ce transfert de conscience dans les différentes traditions. Dans la tradition Chrétienne ésotérique, il est associé à la 'grâce' ou 'révélation'; le Taoïsme parle de la transformation de l'énergie vitale (qing) en une force de vie subtile (qi) et l'énergie spirituelle (shi); les Bouddhistes luttent pour atteindre la 'cessation' de la pensée, ou l'illumination; les Hindous font référence à l'Unité' et les musulmans le définissent comme 'l'ouverture du cœur'.[20] Le Maître Vénusien le formule ainsi: «le but de la vie sur les autres mondes est fondamentalement le même que le vôtre. Innée dans tout le genre humain, quoique profondément enfouie, gît l'aspiration à s'élever. Votre système scolaire sur Terre est, dans un sens, modelé sur la progression universelle de la vie. Car, dans vos écoles, vous progressez de stade en stade et d'école en école, vers une éducation plus élevée et plus complète. De la même façon, l'homme progresse de planète en planète, et de système en système vers une compréhension et une croissance évolutive universelle toujours plus élevée.»[21]

De nouveau, nous avons là des raisons de suivre les Instructeurs, plutôt que d'écarter leurs Enseignements à cause d'une interprétation limitée des religions organisées qui se sont érigées autour.

Avec l'effondrement du système économique mondial, l'Humanité retrouvera son esprit, et le Maître de Benjamin Creme a dit : «les hommes prendront conscience de leur Unité.(...) Le Partage, la Justice et la Liberté grandiront dans l'esprit des hommes comme les puissants symboles du futur, comme un droit universel, la voie vers les relations justes.»[22]

En fait, une des premières chose que nous aurons à mettre en œuvre quand nous serons décidés à manifester notre sens retrouvé de l'unité et notre expansion de conscience qui inclura notre semblable, sera de redistribuer la nourriture, les ressources naturelles, les savoir-faire technologiques, l'énergie etc, de manière adéquate pour assurer à chaque homme, chaque femme et chaque enfant sur la planète une vie décente. Toutefois, cela ne signifiera pas le paradis - réel ou imaginé - du jour au lendemain, comme le Maître D.K., dit le Tibétain, l'indique : «[L]e 'principe du partage' sera reconnu comme le concept motivant la nouvelle civilisation. Cela n'impliquera pas de belles et doucereuses attitudes humanitaires. Le monde sera encore rempli de gens égoïstes et arrivistes, mais l'opinion publique sera telle que certains idéaux fondamentaux motiveront les affaires et seront imposés par l'opinion publique; le fait que les nouvelles idées seront dans de nombreux cas gouvernées par le jeu des convenances n'est pas d'une réelle importance. C'est le partage qui est important.»[23]

Même si l'humanité ou le monde dans son ensemble a encore à envisager le principe du partage comme clef pour créer la confiance qui est nécessaire pour débarrasser le monde de l'injustice, il existe néanmoins un courant grandissant, bien que pratiquement non couvert par les médias, de mise en œuvre à petite échelle.

Le mouvement Transition Towns en est un exemple édifiant dans lequel les communautés partagent la responsabilité de réduire leur empreinte carbone et de réduire leur déchets pour combattre l'épuisement des ressources. Dans un article sur ce mouvement Rob Hopkins, un de ces fondateurs a dit: «Les gens savent que des changements majeurs doivent être effectués face au changement climatique et à l'épuisement des ressources. Tout commença par des amis et des voisins qui se sont dits 'Que pouvons nous faire en tant que gens ordinaires, sachant que nos gouvernements ne régleront pas ce problème ?' Au Portugal, le journaliste de l'environnement Stephen Leahy écrit: « là où le chômage est de plus de 20% et les salaires sont très bas, le mouvement Transition est ciblé sur la réduction du recours à l'argent. Une petite ville a interdit l'argent pendant trois jours. A la place les gens ont pratiqué le partage et les échanges de services.(...) Il y a à présent [en 2013] plus de 1 000 communautés impliquées dans ce mouvement de volontaires à but non lucratif. Ces communautés inventent les voies qui leur sont propre pour réduire la dépendance aux énergies fossiles tout en améliorant leur résilience et leur auto-suffisance par rapport à la nourriture, l'eau, l'énergie, la culture et le bien-être.» M. Leahy cite, entre autres, Céline Bilsson, un membre de la commission des énergies renouvelables du village de Saint-Gilles-Du-Mene en Bretagne, qui produit 30% de son énergie des sources renouvelables: «Nous ne passons pas notre temps à faire des études. Nous réagissons. Nous le faisons.»[24] Depuis sa création, le mouvement Transition Towns est devenu un réseau mondial qui se réunit lors d'une conférence internationale où les participants ' se connectent, créent, partagent et fêtent'.»[25]

En ce qui concerne la mise en œuvre du partage vers la sécurité alimentaire pour tous, l'activiste pour les droits sociaux et contre la famine José Luis Vivero Pol donne des exemples inspirants de gens qui joignent leurs forces de façon à s'organiser pour produire, échanger et consommer en dehors de la logique dominante du marché, «comme l'agriculture soutenue par la communauté aux USA, les groupes d'achats en Espagne et en France ou les jardins urbains dont la nourriture est en accès libre en Belgique. Partout, on voit cette chaîne raccourcie entre les consommateurs et les producteurs qui s'organisent d'elle-même pour produire et consommer de meilleurs aliments. Il ajoute qu' «aucune de ces organisations n'est nouvelle dans les sociétés humaines. Pendant des milliers d'années, les êtres humains ont mis en place des organisations d'agriculture collective. Tout autour du monde, particulièrement en Afrique et en Asie, vous trouverez des propriétés collectives de ressources naturelles et de terres qui sont aussi gérées collectivement. C'est pourquoi, je dis que les idées sur la transformation du système agricole [de la propriété aux biens commun] n'est pas une pensée naïve ou théorique pieuse. L'action collective dans l'agriculture est déjà en chemin à la fois dans les pays développés et en voie de développement.»[26]

Dans un article, paru dans le magazine *Partage International*, sur des développement récents en Amérique du Sud, Thiago Staibano Alves décrit la montée du mouvement 'business without bosses'. Il dit que «malgré les nombreuses théories du management moderne des affaires et des ressources humaines qui parlent de l'importance des travailleurs dans les entreprises et les usines, en fait, les employés ne bénéficient que d'une participation limitée dans la formulation des politiques de production, commerciales et salariales.» Toutefois, il dit, que, ces dernières décennies, un nouveau modèle d'affaires a émergé: « Bien qu'elles existent en nombre relativement limité, leur croissance dénote l'émergence d'une nouvelle conscience dans le monde du travail - plus égalitaire, avec plus de participation et de responsabilité sociale. De telles expériences montrent qu'elles sont profitables aux travailleurs et à leurs communautés.» Il continue en décrivant de nombreux exemples au Brésil, en Argentine et au Venezuela de 'business without bosses' où «les travailleurs définissent les politiques de production, commerciales et salariales en tenant des assemblées de travailleurs.». En Amérique Latine et quelques autres pays, Alves écrit que «le mouvement des travailleurs-propriétaires est devenu une façon puissante pour les gens de défendre leurs droits contre la dérégulation régulière du travail.»[27]

L'idée de co-opérative n'a bien sûr rien de nouveau. Elles sont la plupart du temps petites ou moyennes, bien qu'il existe un exemple de grande co-opérative aussi connu qu'il est une réussite. Créée à Londres au début des années 20, la John Lewis Partnership compte désormais 90 000 partenaires, 44 magasins et 300 supermarchés, un catalogue papier et sur internet, une unité de production et une ferme. Tous en partagent les avantages et les profits. Le Partnership a sa propre constitution qui stipule le bonheur de ses membres comme fin ultime, tout en reconnaissant qu'un tel bonheur passe par un travail satisfaisant dans une entreprise qui réussit. La constitution établit aussi un système de 'Droits et de Responsabilités' et qui définit des mécanismes prévus dans le management avec des «contrôles est des contre-pouvoirs pour garantir les responsabilités, la transparence et l'honnêteté»[28] Même si le ratio des salaires entre le plus bas et le plus élevé de 75:1 est encore loin de l'équité sur 'Iarga', comme décrit dans le chapitre précédent, il est bien moins déséquilibré que les ratios choquants de 422:1, 323:1 entre les CEO et les travailleurs[29], symptomatiques du capitalisme sauvage actuel.

La manifestation de cette nouvelle prise de conscience est aussi notée par le journaliste et écrivain Paul Mason, qui écrit: «[N]ous observons la montée spontanée de la production collaborative: les biens, les services et les organisations ne sont apparemment plus en mesure de répondre aux exigences du marché et à la direction du management.(...)

«Dans les niches et les creux de l'économie de marché, de larges étendues de la vie économique sont en train de muer vers un rythme différent. Des monnaies parallèles, des banques du temps, des coopératives et des espaces auto-gérés ont proliféré, pratiquement inaperçus des professionnels de l'économie, souvent en conséquence direct des bouleversements de l'après-crise 2008.» « vous ne vous apercevez de cette nouvelle économie qu'en la recherchant attentivement. En Grèce, lorsqu'une ONG de base a fait la carte des coopératives agricoles, des producteurs alternatifs, des monnaies parallèles et des systèmes d'échanges locaux du pays, ils identifièrent 70 projets substantiels et des centaines d'initiatives plus petites allant du squat, au covoiturage et aux jardins d'enfants gratuits. Pour les économistes traditionnels, de telles activités rentrent à peine dans le domaine de l'économie - mais c'est bien là le sujet. Elles existent car elles échangent, quoique par intermittence et inefficacement: temps libre, activité en réseau et trucs libres. Cela semble une maigre et non officielle, voire dangereuse, chose que de vouloir faire d'une alternative entière un système global, mais il en fut ainsi pour l'argent et le crédit à l'époque d'Edouard III.»[30]

La plupart des jobs de nos jours ne requiert pas ou ne permettent pas d'exprimer un tant soit peu de créativité. Alors que, selon les contacts de Stefan Denaerde, «[c]'est la créativité qui conduit les hommes à faire 'encore plus' ou 'encore mieux'. Il y a deux sortes de créativité, la matérielle et l'immatérielle. La première consiste dans la lutte pour améliorer ses propres conditions de vie. Cela concerne principalement le domaine du sexe, de la propriété et du pouvoir et c'est la cause de toutes les misères sur cette planète. L'individualité s'exprime par l'égocentrisme, la cupidité et par l'avarice. Dans sa quête continuelle pour atteindre un but matériel, une dose de satisfaction est ressentie, mais quand le but est atteint, la satisfaction s'avère toute relative et de courte durée: un simple objet de comparaison avec ce que les autres ont. De fait, elle continue vers un autre but, habituellement un revenu plus élevé ou une position plus haute, et la quête se poursuit. En effet, la satisfaction réside dans la quête elle-même.»

La créativité immatérielle, de son côté, «apporte un bonheur durable. Elle s'applique à améliorer continuellement les conditions de vie des autres. Elle s'exprime par l'entraide, la compréhension, la pitié, la tolérance, l'amitié et l'estime - en bref, le concept total de l'amour désintéressé.»[31]

Il est intéressant de lire à cet égard le plaidoyer pour une révision complète de notre système éducatif de l'un des confrères industriel et hollandais de Stefan Denaerde. Dans un discours de Tex Gunning, membre du bureau exécutif de la multinationale Hollandaise Akzo-Nobel se fait l'avocat d'une éducation non pas basée sur les connaissances mais sur les valeurs. Il dit que l'éducation devrait apprendre aux enfants à se connaître et à vivre en étant plein d'assurance; à aimer apprendre et découvrir, à se préparer à vie sociale stable; à coexister avec ses semblables et avec la nature; et à partir de là apporter une contribution valable à la société.[32]

En réponse à une question sur la manière de faire des affaires dans l'esprit du partage, Benjamin Creme suggéra qu'au lieu d'employer des personnes que vous paierez le moins possible pour un temps de travail maximal, «[v]ous pourriez commencer un nouveau business comme une co-opérative. Par exemple, vous employez 20 personnes et vous partagez l'argent gagné. Personne ne gagne plus que les autres. Tout le monde travaille aussi dur que les autres. Vous essayez de travailler un minimum et de vous payer le maximum pour ce que vous faîtes. C'est la formule du Nouvel Âge. Quand vous commencez à travailler de cette façon, vous comprenez ce qu'est la synthèse. De cette manière, vous créez un groupe. L'énergie du Verseau fonctionne uniquement de manière synthétique, à travers des groupes. Elle ne s'applique pas individuellement. Vous devez transformez entièrement votre idée de faire de l'argent et de devenir riche. Si vous le faites dans le sens du Verseau, vous ne deviendrez pas fantastiquement riche ou bien vous serez *tous* riches»[33]

Ceci dit, le partage dans le sens de créer la justice comme condition première de la paix mondiale et de la liberté pour tous, selon M. Creme, «signifie partager les ressources mondiales - ce n'est pas une question individuelle, mais il peut seulement prendre place sur une échelle globale.»[34]

Selon Enrique Barrios, l'Âge du Verseau est « une nouvelle étape dans l'évolution de la planète Terre, la fin d'un millénaire de barbarie, un Nouvel Âge de l'Amour, une sorte de 'maturité'. Vous êtes déjà entrer dans 'l'Âge du Verseau', mais seulement dans le temps mais non en actes. La Terre commence à être gouvernée par d'autres lois et d'autres radiations géologiques et cosmiques. Pour le dire d'une autre façon, il y a plus d'amour chez les gens, mais ils continuent à suivre des principes qui appartiennent aux niveaux d'évolutions précédents qui sont inférieurs. Il existe alors un conflit entre ce que les gens ressentent intérieurement et ce qu'ils sont obligés de faire extérieurement.»[35]

Le stress et la frustration s'accumulant rapidement au sein de l'humanité, Benjamin Creme est prudent quant à une révision radicale que les activistes les plus zélés appellent de leurs vœux: «nous ne nous débarrasserons pas du capitalisme. Nous lui donnerons une place dans la société. Il n'est pas nécessaire de penser en termes extrêmes, en blanc et noir. Personne ne songe à les faire marcher en même temps mais Maitreya le présente d'une façon simple : pensez à un chariot. Si vous n'avez qu'une roue – qu'elle soit celle du capitalisme ou celle du socialisme – il ne roule pas. Toutes les structures économiques du futur conserveront un équilibre entre le socialisme et le capitalisme. Aujourd'hui, aucun pays au monde n'applique la bonne balance. Du point de vue des Maîtres, le meilleur équilibre se trouve dans la formule de 30% pour le capitalisme et 70% pour le socialisme.»[36]

En rappel de ce qui fut montré à Stefan Denaerde sur l'économie de 'Iarga', le Maitre DK prédisait déjà un nouveau système économique dans les années 40: «les entreprises privées existeront encore, mais seront régulées; les grandes commodités publiques, les ressources matérielles et les richesses planétaires majeures, comme le fer, l'acier, le pétrole et le blé, seront contrôlées en première main par un groupe de dirigeants internationaux; ils seront préparés, toutefois, à une utilisation internationale par des groupes nationaux choisis par les peuples et sous direction internationale.»[37]

Benjamin Creme a dit en de nombreuses occasions qu'il «existe déjà des plans qui, s'ils étaient appliqués, résoudraient le problème de la redistribution qui est aujourd'hui au cœur de notre problème économique. Les ressources sont là. La nourriture produite dans le monde dépasse nos besoins. La plupart pourrit dans les entrepôts des pays développés alors que des millions meurent de faim ailleurs (...) En premier lieu, on demandera à chaque nation de faire savoir ce qu'elle produit, ce qu'elle cultive et ce qu'elle importe. De cette façon, le total des biens de la planète sera connu. On demandera à chaque nation de donner à un pool central ce qu'il a en excès de ses besoins. De ce pool central, créé par toutes les nations, les besoins de tous seront satisfaits. C'est ainsi que les besoins de la planète seront pris en compte.»[38]

En même temps, il dit: «Nous ne sommes pas tous au même niveau. Nous ne croyons pas tous la même chose, nous ne voulons pas tous la même chose pour l'humanité. Certaines personnes ont le sens de l'unité de l'humanité qui est absent chez d'autres. Donc tout changement demande du temps et de l'énergie, pour que les nouvelles énergies du Verseau fassent leur effet. C'est en train de se produire à présent et l'humanité s'éveille à cette promesse.»[39]

M. Creme a dit ainsi: «Pas la révolution mais l'évolution est le conseil de Maitreya, [l'Instructeur Mondial]. Il sait fort bien que la révolution déclenche des conflits et provoquent des carnages, remplaçant un type de problèmes par un autre. Ce qui est nécessaire, c'est un processus de changement étape par étape qui permet à chacun de faire l'expérience d'être aux commandes de sa propre destinée. Le partage est le seul moyen d'assurer un tel processus; seul le partage engendrera la confiance qui est essentielle pour commencer.»[40]

Beaucoup de gens dans le domaine de l'ufologie et en dehors, ont négligé le message d'espoir des premiers contactés en le rendant simpliste au point de le déformer. Ils auraient voulu nous faire croire à des messages Messianiques qui promettent le salut et donc n'attendent plus de nous de penser ou d'agir par nous-mêmes. Dès la première lecture des livres et des brochures écrits par ces pionniers pour informer le monde de leurs expériences, on se rend compte d'exactement le contraire: l'un après l'autre ils exhortent l'humanité à prendre des mesures pour corriger les torts de notre monde.

Ce n'est pas sans coïncidence qu'à chaque contact, les gens de l'espace mettent en exergue le libre-arbitre du genre humain dans la détermination de notre futur. Le fait que les Frères de l'Espace sont ici pour assister la transition de l'humanité et de la planète vers une nouvelle civilisation ne signifie pas qu'ils veuillent enfreindre notre libre-arbitre. Lorsqu'on posa la question à Georges Adamski de savoir s'il conseillait d'appliquer les formes de gouvernement des autres planètes sur Terre, il répondait: «Je ne conseille rien! pour qu'un changement puisse être un succès, les gens doivent d'abord y réfléchir sérieusement; ensuite ils doivent avoir le désir sincère d'accorder leurs esprits en préalable.(...)

«Leurs formes de gouvernement nous ont été uniquement expliquées pour apporter la preuve que les Lois de la Vie, qui nous ont été communiquées d'innombrables fois au cours des âges, s'appliquent sur toutes les planètes. Les Terriens, à cause de leur profonde vénération pour ces grands Instructeurs, ont inscrit leurs enseignements au cœur des religions mondiales sans comprendre qu'Ils nous montraient comment vivre. (...) Encore une fois, on nous rappelle ce mode de vie. Chaque homme, chaque femme et chaque enfant doit chercher au plus profond de lui-même ses propres réponses. Car, comme pour toute chose, l'ensemble n'est fort qu'à la mesure de son maillon le plus faible.»[41]

Firkon, le contact Martien d'Adamski ajoute par ailleurs: «[T]ant que l'homme ne voudra pas changer son mode de vie, personne ne pourra lui venir en aide. Les rares personnes sur Terre qui aspirent sincèrement à apprendre les lois de l'Un Infini doivent essayer de guider les autres et nous, des autres mondes, les aideront.»[42] Cependant, il dit que: « chaque individu a sa propre vie, forge sa propre destinée et écrit son histoire qui est la sienne. Dans le Plan Cosmique, personne n'est laissé muré sans espoir. Dès que le désir d'une meilleure compréhension de lui-même, du but de son existence et de sa relation avec le Tout Cosmique brûle en lui, la voie pour atteindre ce but est sans cesse ouverte.»[43]

Lors de son dernier séjour à bord du vaisseau mère Vénusien, dont il fit le récit, l'hôte de Georges Adamski reconnut que «vous approchez de l'Âge Cosmique, aussi peu que vous soyez en mesure de le comprendre.»[44] Cependant, comme le montre les témoignages commentés dans ce chapitre, un nouvel état d'esprit apparaît au sein de l'humanité. Entre autre, Benjamin Creme en a parlé en terme d'énergies du Verseau, ce qui semble attestée par la volonté croissante des peuples de se lever pour la justice et la liberté.

On peut s'attendre à ce que de telles énergies mènent à une crise de conscience, qui se manifeste actuellement dans le domaine économique. George Adamski nota que : « Lorsque l'on étudie, [la Bible pour trouver des preuves des visiteurs de l'espace], il est bon de constater que la plupart des visites 'Célestes' décrites se sont produites quand les Terriens étaient face à de grandes difficultés. Alors, comme à présent, ce ne sont pas les masses qui furent contactées mais des individus sélectionnés ici et là. Les visiteurs donnèrent leurs conseils dans les temps anciens, qui lorsqu'ils étaient suivis, relançaient une civilisation en danger, et quand ils étaient ignorés, elle sombrait dans l'oubli. Aujourd'hui, nous sommes à la croisée des chemins, à un moment capital. Les voyageurs de l'espace font tout leur possible pour nous prévenir et nous aider, mais la décision finale est entre nos mains.»[45]

Dans la mouvance des manifestations 'Occupy', un référendum sur la limitation des salaires et des bonus des dirigeants d'entreprises à un maximum de 15 fois le salaire moyen de ses employés fut organisé en Suisse. En prédisant l'issue du référendum, le journaliste Roberto Savio écrivait: «[C]omme le référendum Suisse le montre, ce n'est pas la prise de conscience qui manque mais la volonté politique.»[46]

Il est évident que pour des changements conséquents soient effectifs, cela nécessite qu'une grande partie de l'humanité se mette en action par elle-même. Les contacts de Stefan Denaerde soulignent un problème majeur à cet égard : « le plus grand problème dans le choix à faire qui vient est constitué par l'homme moyen, mitigé et paresseux. Ce sont des gens dont la polarisation est pratiquement nulle. Ils ne sont ni égoïstes, ni altruistes; ils sont entre chien et loup. Pour ces gens, une situation de grand stress doit être créée, face à laquelle ils devront choisir ce qu'ils veulent ou pas.(...) Si vous lisez Matthieu 24 et Marc 13, vous verrez que le Christ a prophétisé cette polarisation au sein de l'humanité...»[47]

Selon Benjamin Creme, c'est l'énergie d'Amour apportée par l'Instructeur Mondial qui sature actuellement la planète et qui stimule le Bien et le Mal de sorte que «l'humanité verra clairement ce qu'elle a à faire. S'il en était autrement, nous pourrions persister dans notre état présent. (...) l'Épée de Clivage aiguise les différences pour rendre claires les options qui s'offrent à l'humanité.(...) Soit nous empruntons la voie des relations justes pour construire un monde d'harmonie, soit nous prenons celle des mauvaises relations, qui, au final, nous entraînerons vers la destruction.»[48]

Lors du jour capital où l'Instructeur Mondial déclarera son véritable statut au monde, autour de la période de l'effondrement final de nos structures actuelles, il fera don à l'humanité d'une formidable expérience de son unité. Le Maître de Benjamin Creme en dit la chose suivante : «[L]es hommes redécouvriront la joie d'une pleine participation aux réalités de la Vie, ils se sentiront reliés les uns aux autres, comme au souvenir d'un lointain passé.» Cette expérience, dit-il, inspirera les hommes à «s'engager dans le travail de reconstruction et de réhabilitation du monde.»[49]

En revenant sur l'idée qu'un changement durable ne peut être que le résultat d'une prise de conscience, les hôtes de Stefan Denaerde expliquent que: « la polarisation mentale est le changement de direction du pouvoir de l'amour qui allait vers l'intérieur - égoïsme - pour aller vers l'extérieur, l'altruisme. Ce n'est pas lié à la loi d'action et de réaction; c'est un processus qui réside en chaque individu.»[50] Dès 1954, Daniel Fry fut rassuré : « Votre humanité et votre culture, cependant ne sont pas condamnées à l'extinction. Elles peuvent continuer à avancer vers le haut jusqu'à ce que le danger soit dépassé pour toujours. Vous voyez que ce choix est le vôtre.»[51]

Une fois que ce choix sera fait sur une échelle mondiale, il n'y a pas de fin sur ce qu'il est possible d'entreprendre quand on réalise que l'on est Un. Les contacts de Truman Bethurum lui assurent que : «nous n'avons pas les problèmes qui sont les vôtres, car nous savons ce qui est juste et nous voulons l'appliquer. Il peut en être de même sur Terre. Dieu est prodigue des Ses bénédictions et il n'y pas de faille. Vos peuples pourraient s'unir et agir à l'unisson au lieu de se faire la guerre. Alors, vous trouverez que la vie sur Terre en vaut la peine. Vos déserts et vos plaines pourraient être transformés en jardins paradisiaques. Les matériaux, les efforts et les vies dépensés chaque année dans les guerres apporteraient une eau abondante dans les déserts, si ce n'est d'arrêter de polluer les eaux, l'atmosphère et les océans. Cela peut être accompli. Vous pouvez créer les conditions d'un vrai paradis où construire vos maisons et élever vos enfants, les voir grandir vers l'âge adulte en paix, sans l'horreur persistante et la peur d'une mort sanglante des jeunes corps mutilés et affolés.»[52]

Dans ce respect, George Adamski nous rappelle que : «[T]outes les planètes sont des écoles du cosmos. De même que nous passons de classe en classe dans nos établissements scolaires, retenant et utilisant les connaissances acquises dans les niveaux inférieurs, de même nous passons de planète en planète et de système en système. Le Cosmos est une vaste école avec de nombreux départements pour chaque état d'être. Il y a des planètes primaires, et des planètes avancées au-delà de votre imagination terrestre. Mais nous sommes éligibles pour toutes ces écoles. Ce qui nous concerne ici est de tenter de maîtriser les leçons du présent de façon à hériter le plus tôt possible du futur qui est assurément notre destinée.»[53]

Dans les années récentes, les avocats du dévoilement ont organisé des pétitions et des auditions publiques pour pousser les gouvernements à révéler ce qu'ils savent sur la présence extraterrestre. Alors que de telles activités sont utiles pour maintenir l'attention du public sur la présence extraterrestre, clairement, cela ne saurait sauver la planète. Nous savons que les visiteurs de l'espace sont ici, même si les gouvernements le nient. Nous savons qu'il existe des sources d'énergies plus propres et plus sûres, qui ont été achetées et mises au placard par l'industrie des énergies fossiles. Ce qui importe, c'est que nous savons maintenant où le changement commence, comment l'atteindre ou l'obtenir, en exprimant la connaissance qui se languit au fond de nous. Comme Alan, le contact de Daniel Fry le dit: «L'Âge le plus grand, votre Âge d'Or s'étend devant vous. Il suffit d'emprunter la bonne porte. A mesure que vous améliorez votre compréhension, vous accélérez le moment où vous entrerez dans cet Âge d'Or.»[54]

Il semble qu'il fut la même chose à Wilbert Smith: «En temps voulu, quand certains événements seront révélés,et que nous serons bien orientés au point de pouvoir accepter ces gens d'ailleurs, ils viendront à notre rencontre librement sur une base égale de compréhension mutuelle et de confiance. Nous serons capables d'apprendre d'eux et de façonner l'Âge d'Or que tous les hommes partout dans le monde désirent profondément en leurs cœurs.»[55]

Confirmant les nombreuses déclarations de nombreux collègues contactés dans le chapitre précédent: « On nous a parlé d'un mode de vie utopique au-delà de nos rêves, et des moyens de l'atteindre. Se peut-il qu'une philosophie si magnifique et cohérente soit le produit de l'imagination d'une bande d'idiots mal avisés ? Je ne le pense pas. Si nous n'avions que des éléments philosophiques à notre disposition, on pourrait le suspecter, mais ajouter à la réalité des observations qui se comptent par milliers, on ne peut l'écarter si facilement.»[56] Le Maître Vénusien a confirmé cela en disant : « [A]ucun homme vivant n'a jamais rêvé de ce que vous appelez Utopie, ou un monde presque parfait. Il n'y a rien de ce que l'homme puisse imaginer qui ne soit quelque part une réalité. Par conséquent, aucun accomplissement n'est impossible. C'est aussi possible pour vous sur Terre. Pour nous, sur les autres plans de notre galaxie, il en est ainsi à présent.»[57]

Un aperçu de ce monde merveilleux qu'il est possible d'atteindre est donné par le Maître de Benjamin Creme : «Imaginer un monde où aucun homme ne manque de rien. Où les talents et la créativité de tous les hommes démontrent leur origine divine. Où penser à la guerre n'a pas sa place et où la bonne volonté tisse un réseau bienveillant qui en-

Les planètes sont les salles de classe du Cosmos

N'y-a-t-il aucune preuve que des gens d'une planète s'incarne sur une autre ? Bien sûr, il y a des cas d'individus qui ont cette prétention, et ce qu'ils ont à dire en guise de preuves ne peut être pris que de bonne foi ou non. Il y a cependant quelques cas où des preuves indépendantes ou des corroborations extérieures existent.

Dans mon livre, *Georges Adamski - A Herald for the Space Brothers,* je cite plusieurs sources qui indiquent que Georges Adamski étaient bien en fait une âme Vénusienne qui s'est incarnée sur Terre pour remplir la mission qui l'a rendue célèbre

Par exemple, dans *The Scoriton Mystery- Did Adamski Return ?* Ernest Arthur Bryant décrit comment le 24 Avril 1965, un jour après le décès d'Adamski, il rencontra trois êtres venant d'une soucoupe volante qui avait atterri à Dartmoor, UK. L'un d'entre eux s'identifia en disant : «Mon nom est Yamski» ou quelque chose qui y ressemblait. Il avait un accent plutôt à consonance américaine, mais il dit qu' «Ils venaient de Vénus.» Il dit également : «Si seulement Des Les pouvait être là, il comprendrait.». Il faisait clairement référence à Desmond Leslie.[a]

De façon similaire, en 1980, lors d'une rencontre avec ses contacts de l'espace, le contacté Giorgio Dibitonto fut introduit auprès d'un autre homme qui «nous impressionna immédiatement par sa gentillesse et son amabilité. Il souriait comme quelqu'un qui aurait beaucoup à dire mais qui se taisait. «Son nom est Georges, comme vous.» dit Raphael, opinant dans sa direction, « Notre frère, ici présent, a vécu parmi vous pendant un temps sur Terre. Il avait choisit de venir pour une mission. Désormais, il est revenu parmi nous.»[b] Wendelle Stevens, auteur du livre sur l'histoire de Dibitonto aux USA, demanda à Benjamin Creme, si les contacts de Dibitonto étaient vraiment de Vénus. M. Creme répondit que c'était bien le cas et il ajouta qu'il y a eu de nombreux Vénusiens parmi nous, et encore aujourd'hui.[c]

Dans son roman publié en 1958, *The Amazing M. Lutterworth*, dont il dit qu'il est basé sur la mission d'Adamski et que 75% en est non fictif, Desmond Leslie donne clairement un indice que son coauteur d'une fois venait d'une autre planète, et ne s'en ait pas souvenu avant un âge tardif dans sa vie. Selon la Fondation Georges Adamski, Adamski fit lui-même des avertissements contre toute personne prétendant qu'il va revenir ou qu'il est revenu. Toutefois, ce fut contre l'éventualité d'imposteurs qui tenteraient de pirater ou de capitaliser son héritage suite à son décès. Les événements relatés ci-dessus ne contredisent pas nécessairement les déclarations d'Adamski.

Dans un autre cas, le journal Russe *la Pravda* publia un récit écrit par Gennady Belimov le 10 Mars 2004 basé sur l'histoire des membres d'une expédition dans une zone d'anomalies au Nord de Volgograd, en Russie, appelée par la plupart des gens Medvedetskaya Ridge. Une nuit, lors d'un feu de camp, un enfant âgé de 7 ans Boris Kipriyanovitch demanda leur attention: « Il s'est avéré qu'il voulait parler de la vie sur Mars, de ses habitants et de leurs vols vers la Terre.» rapporta un des témoins. «Le silence s'installa. C'était incroyable ! Ce petit garçon avec des yeux pétillants et gigantesques racontait l'histoire magnifique de la civilisation Martienne (...) Il connaissait la vie sur Mars en détails puisqu'il en descendait et y avaient des amis.» Selon ce récit, la plupart de témoins furent étonnés non seulement par l'intelligence et la profonde connaissance de ce garçon, mais aussi par son éloquence.

Boriska est né le 11 Janvier 1996 à Volzhskiy. Son père était un officier à la retraite et sa mère dermatologue. Ils dirent que dès 2 ans, Boriska «s'asseyait en position du lotus et commençait à parler. Il parlait de Mars et des systèmes planétaires, des civilisations distantes. Nous n'en croyions pas nos oreilles. Comment un enfant pouvait-il savoir tout cela ? le Cosmos, des histoires sans fin sur les autres mondes. Les cieux immenses étaient pour lui comme des mantras quotidiens depuis l'âge de 2 ans.»[d] Dans un commentaire éditorial sur ce récit paru dans le magazine *Partage International*, le Maître de Benjamin Creme a confirmé l'origine de ce petit garçon, bien que signalant que certaines de ses informations étaient vagues. [e]

Il est intéressant de noter qu'au fil des ans, Benjamin Creme a indiqué la provenance de quelques figures historiques bien connus, qui s'avèrent être les planètes suivantes : William Shakespeare de Jupiter, Maria Callas de Mars, et Léonard de Vinci de Mercure. [f]

Notes en page 147

veloppe les cœurs et les esprits de tous. «Imaginer des villes de lumière éclairées par la Lumière même; un monde où la misère noire et la privation d'aujourd'hui est introuvable; imaginer des moyens de transport rapides et silencieux propulsés par la lumière seule, qui mettront à notre portée les mondes éloignés et même les étoiles. Tel est l'avenir qui attend les hommes et les femmes qui ont le courage de partager. Tel est l'avenir qui est promis aux braves qui aiment la Liberté. Tel est le futur glorieux qui adviendra à ceux qui aspirent à comprendre le sens et le but de la vie.»[58]

Avec la dissimulation de la présence extraterrestre orchestrée par les gouvernements, les contacts Ilmuth et Kalna dirent à Adamski dans les années 50 que la divulgation nécessiterait la pression des masses, mettant déjà en avant l'importance de la puissance du peuple. Environ 60 ans plus tard, avec la montée de la divulgation officielle, selon les termes de Benjamin Creme qui revient à un suicide de la classe politique gouvernante[59], leur observation semble d'autant plus appropriée pour réclamer le changement qui entraînera une divulgation forcée et la réintégration de la Terre dans la communauté cosmique : «[I]l semble que la réponse tient largement dans les mains de l'homme de la rue qui se compte par millions dans le monde entier.» Auquel Firkon ajoute: «Ils seront votre force et s'ils prenaient ouvertement position contre la guerre en assez grand nombre, certains leaders à différents endroits du monde l'écouteraient volontiers.»[60]

Ami, le protagoniste d'Enrique Barrios, souligna qu'informer l'humanité est un processus plutôt qu'un spectacle d'un soir, et réitéra la nécessité pour l'humanité d'accroître sa prise de conscience et de l'exprimer si cela nous fait du bien: «Nous faisons notre devoir en offrant notre aide par le service. L'humanité doit maintenant faire un effort pour son propre compte.»[61]

Tout en clarifiant, l'idée que nous devons prendre nos responsabilités envers notre planète et notre futur, Firkon, à travers Adamski, a dans le même temps dénoncé la résignation ou la complaisance qui est impliquée en reportant nos problèmes sur 'un acte de Dieu' ou sur le 'mauvais karma': « Nous reconnaissons l'homme comme la plus haute représentation de la Déité, la consommation ultime de toutes les formes de vies inférieures. Si nous causions du mal volontairement à une forme de vie, nous savons que nous détournerions cette vie de son but naturel et nous nous ferions du mal. Vous voyez que le Créateur nous a tout légué pour sortir de nos problèmes. Lorsque Ses lois ne sont pas respectées, elles témoignent contre nous.(...) [C]'est seulement en s'opposant aux principes Divins que l'on peut engendrer la disharmonie que vous attribuez à Satan, mais que vous devez corriger vous-mêmes.(...) Car tout ce qui est déformé doit être rétabli par celui qui en est la cause.»[62]

Le contact de Daniel Fry confirme cela sans équivoque : « Si nous devions apparaître comme des membres d'une race supérieure, venant d'en haut pour diriger les gens de votre monde, nous causerions une dangereuse perturbation dans l'équilibre des personnalités de votre civilisation. Des dizaines de millions de personnes, dans leur tentative désespérée d'échapper à la rétrogradation à la seconde place dans l'univers, useront de tous les moyens concevables pour réfuter ou nier notre existence. Si nous faisions des démarches pour imposer la prise de conscience de notre réalité, alors environ 30% de ces gens insisteraient pour nous considérer comme des Dieux, et tenteraient de nous faire incomber la responsabilité de leur propre salut. Sur les 70% restants, la plupart nous considéreraient comme des tyrans potentiels qui projettent de réduire leur monde en esclavage. Nombre d'entre eux chercheraient immédiatement les moyens de nous détruire.»[63]

Il est aisé de voir, cependant, que toute tentative pour dénoncer les expériences préliminaires des contactés comme de l'évasion sont en fait des fabrications malveillantes avec pour but apparemment de discréditer leur information, bien que nous vivions dans une époque qui montre que leur message est maintenant plus urgent et pertinent que jamais pour le salut de l'humanité et de la planète.

De plus en plus de gens sentent que le changement est dans l'air. Puisant dans l'énorme forme-pensée qui s'est construite autour de ce moment capital dans l'histoire humaine, de nombreuses personnes prétendent que leurs rêves éveillés et hauts en couleur ont des qualités prophétiques 'd'ascension globale', 'd'ouverture des portes des étoiles',

Le 15 Février 2012, entre 7h et 8h15 du matin, M. Bernd Nachreicher observa un phénomène lumineux sur la webcam de l'aéroport de Vilshofen, à environ 170 km au nord-est de Munich, en Allemagne. Il pensa que cela ressemblait au visage du Christ. Quand il demanda ce que c'était au fabricant de l'optique, il répondit que c'était une réfraction de la lumière dans la lentille. (Source: TZ.de)
Selon le Maître de Benjamin Creme, cette forme représente une fusée. Elle est manifestée par l'Instructeur Mondial comme un symbole de la future technologie qui emmènera l'humanité jusqu'aux confins du système solaire et au-delà. (magazine *Partage International* édition anglaise Avril 2012)

'd'activation galactique' et autre façon de décrire l'éveil de l'humanité à son unité. Il est donc bon de se rappeler que la solution n'est pas seulement dans la prise de conscience mais dans la manière de l'exprimer en termes pratiques.

A un autre endroit, je citai la déclaration de Georges Adamski qui affirmait que «[l]a connaissance est inutile si elle n'est pas combinée à l'action.»[64] Dans le même état d'esprit, le contact de Daniel Fry résume exactement ce qu'il faut pour construire un nouveau monde qui garantisse la survie du genre humain et assure le progrès de notre civilisation, ainsi que la fin de notre isolement cosmique: «Si un quelconque grand et durable bien doit aboutir de nos efforts, votre propre peuple doit être votre vrai leader...»[65]

Addendum: Le message et sa source

En Août 1954, les contacts d' Adamski, Firkon et Ramu, l'emmenèrent pour une réception d'adieux à bord du vaisseau-mère Vénusien. Ils exprimèrent leur tristesse en le rassurant: «[T]u nous perds seulement de vue. N'oublie pas que nous pouvons communiquer mentalement, partout où nous sommes.»[66] Toutefois, il émis des réserves contre les messages reçus par les mystiques en disant: «...Je ne connais aucun psychique ni aucun mystique qui comprenne ce dont il ou elle parle. Dans ces circonstances, ils sont ouvert à tout type d'impressions venant d'imposteurs ou de faux prophètes.»[67]

Une objection qui est souvent prononcée au sujet de l'information reçue par les contactés est quelle est de nature 'évangélique'. D'une certaine façon, c'est compréhensible étant donné la rapide montée de l'athéisme et de la prééminence généralisée du 'matérialisme', nous avons perdu de vue les réalités spirituelles souvent réitérées dans cet ouvrage. Tandis que plusieurs des premiers contactés montraient des inclinaisons mystiques, il est bon de se rappeler qu'ils étaient en relation avec des êtres bien plus évolués qu'eux mêmes(et que la plupart d'entre nous). Ils tentèrent de résumer leur expérience et l'information reçue dans un langage exalté. De plus, Georges Adamski reçut beaucoup d'informations de la part de deux Maîtres de Sagesse, l'un de Vénus et l'autre de Saturne, bien qu'il exprima plus tard des regrets pour avoir usé du terme 'Maître' et alla jusqu'à proclamer qu'«il n'y a nulles part de Maîtres Spirituels»[68] (Bien qu'il étudia auprès d'eux au Tibet lorsqu'il était adolescent[69]). La raison en est que de nombreuses personnes sont promptes à conférer - et transférer - l'autorité et la responsabilité à d'autres. Toutefois, les Maîtres sont appelés ainsi uniquement parce qu'ils ont 'maîtrisés' leur nature inférieure, et par conséquent les lois de la nature. Ils ont appris à vivre selon les Lois de la Vie, et savent exprimer leur divinité innée dans une manifestation physique relativement parfaite. C'est un processus dans lequel chaque être humain est impliqué afin qu'il puisse entrer dans le Royaume Spirituel. (voir aussi pages 39-40).

En dépit de la multitude des prétentions dans les cercles des 'canaliseurs' du 'nouvel âge ' au sujet de messages reçus de l'un ou l'autre des supposés 'Maîtres', les authentiques Frères Aînés de l'humanité ne communiquent qu'au moyen de la télépathie mentale, comme le font les Frères de l'Espace. Benjamin Creme décrit la canalisation ainsi: « Dans sa connotation moderne et générale, cela définit la réception d'enseignement, d'information ou d'instruction venant des plans astraux (...) par l'intermédiaire d'une personne sensible astralement ou un médium. Il faut comprendre que l'information et l'enseignement reçus ainsi souffrira des nombreuses déformations inhérentes au plan astral.- le plan de l'illusion.»[70]

Par ailleurs, il dit que : «[D]e grandes sommes d'argent sont générées par les canaliseurs en échange d'une 'guidance' privée ou par la vente de quantités de livres, dès lors que certains de ces enseignements apportent une 'élévation' aux aspirants. Mais, par dessus tout, je suppose qu'un grand nombre de canaliseurs sont perplexes quant à la nature de leurs sources ou de leur 'guidance' et ressentent qu'ils accomplissent un service très utile.»[71]

Adamski explique la nature des plans astraux comme suit : « Deux milliards et demi de personnes [la population mondiale à cette époque] émettent des pensées d'attentes sur ce qu'ils pensent qu'il va se produire. La plupart des prophéties ne sont pas plus que le résultat de l'influence de ces pensées. Les gens qui ont une faible compréhension du mental humain reçoivent ces pensées et les prennent pour des messages des gens de l'espace ou des révélations de Dieu. Du fait, qu'automatiquement un petit pourcentage de ces pensées sont nécessairement correctes, les gens sont pris au piège et croient qu'ils sont en contact avec de vraies entités...»[72]

Adamski répéta souvent à son auditoire qu' «il y a une nette différence entre les communications télépathiques de nature universelle, et les messages psychiques si communément reçus et connus sur Terre. Tant que les Terriens ne sont pas mieux éduqués sur leur constitution et les opérations mentales, il leur sera difficile de faire la distinction entre les informations de nature universelle, et celles provenant des formes pensées saturant la planète. Les siècles de vies humaines et de pensées, s'accordant avec les émanations propres à la Nature, ont engendré des vibrations bien plus réelles que la plupart des gens ne l'imaginent. Par conséquent, un soin extrême doit être exercé pour ne pas confondre ces formes-pensées et ces émanations avec des communications réellement télépathiques.»[73]

A cet égard, Firkon a dit à Adamski: «Mis à part notre mission physique sur Terre, nous tous sommes fermement convaincus que les gens de la Terre prendront conscience du désastre vers lequel ils se dirigent.» Ramu ajouta: «Nous savons que la puissance de cette pensée envoyée continuellement vers tous nos frères de la Terre a changé le cœur de beaucoup d'entre vous.»[74]

Cette idée est corroborée dans le livre d'Enrique Barrios, dont le protagoniste Ami dit: «... nous enverrons des 'messages' sur les fréquences du plan mental. Ces 'messages' dans les airs, comme des ondes radios, atteignent tous les gens. Certains d'entre vous peuvent les capter, d'autres non.»[75] et : «dans les mondes évolués, il y a des gens qui les reçoivent et les transmettent(...) Dans les mondes non évolués, les récepteurs sont des 'prophètes' de plus ou moindre degrés, selon la pureté avec laquelle ils restituent au monde ce qu'ils captent.»[76] Ami dit aussi que : «quelques personnes déforment nos messages avec leurs propres idées ou leurs croyances, mais il y a aussi ceux qui les retransmettent avec assez de pureté.»[77] Cependant, Orthon explique à Adamski que la communication télépathique est un «*état unifié de conscience* entre deux points, l'émetteur et le récepteur. C'est la méthode de communication la plus communément utilisée sur nos planètes, particulièrement sur la planète Vénus. Les messages peuvent être envoyés entre individus sur notre planète, de notre planète à nos vaisseaux quelque soit sa position, et de planète à planète. Comme je l'ai dit avant - et laissez moi insister - l'espace ou la 'distance', n'est pas une barrière en soit. (...) [U]ne chose que nous voulons clarifier est que tous les contacts mentaux dont nous parlons ne sont absolument pas de nature 'psychique' ou 'spirite' comme vous les appelez. Ils sont des messages directs d'un mental à l'autre.»[78]

Howard Menger a dit que lorsque l'on rencontre les gens de l'espace: «on sait de façon innée que chacune de vos pensées est mise à nu sous une puissante observation télépathique. Sachant cela, on réalise soudainement que l'on ne peut rien cacher et on en devient complètement honnête, avec soi-même et avec les visiteurs. C'est un rafraîchissement, une sensation de purification, qui se maintient tout au long des échanges journaliers avec nos semblables.»[79]

Tandis que la télépathie a été de loin la méthode utilisée le plus fréquemment par les Maîtres de Sagesse pour transmettre leur enseignement à travers leurs disciples dans la vie de tous jours - particulièrement Madame Blavatsky, Alice A. Bailey et Benjamin Creme - il y aussi une forme supérieure appelée 'adombrement'. Benjamin Creme dit que : «dans un sens spirituel, c'est la méthode qui permet à une plus grande conscience de travailler à travers celle de quelqu'un d'un tant soit peu moins évolué, amenant ainsi cette conscience à portée de l'humanité.»[80] Selon les enseignements de la Sagesse Immémoriale, c'est de cette manière que le Christ travailla à travers son disciple d'alors Jésus, du baptême sur le Jourdain à la crucifixion[81]. Le Bouddha travailla de même à travers le Prince Gautama, jusqu'au moment où il atteint l'Illumination sous l'arbre de la Bodhi.[82]

Interrogé sur des messages canalisés attribués à des 'gens de l'espace', Adasmki répondit qu': «après une lecture attentive, il a trouvé quelques vérités éparpillées ici et là, mais c'est toujours le cas; un faux ne peut exister s'il n'emprunte pas des éléments de son modèle. Ce sont ces petits points de vérités qui entraînent tant de confusion dans l'esprit de ceux qui aspirent sincèrement à la réalité, mais qui la souhaitent sous forme factuelle plutôt que mystique. Tout ce qui est universel fusionne et ne divise pas. Bien que je ne nie pas l'existence de gens sur les planètes au-delà de notre système solaire qui sont soit plus avancés, soit beaucoup moins avancés que nous-mêmes en développement, pourquoi devrions nous 'prendre conseil' auprès de gens qui ne peuvent nous aider ? Avec notre actuelle attitude de défiance les uns envers les autres, nous n'avons assurément pas besoin d'aller dans l'espace pour ajouter à nos divisions.»[83]

Il émit aussi des précautions quant «aux noms et identités, comme les positions et les rangs, utilisés par les donneurs de messages. Comme indiqué dans *A l'Intérieur des Vaisseaux de l'Espace,* les gens de l'espace n'utilisent ni position, ni nom pour s'identifier. Ils sont des personnalités. Ils ne prédisent pas l'avenir. (...) Je conseillerai donc toujours de mettre en doute sérieusement tout message, qui contient des 'prédictions' sur le futur.»[84]

Comme indice final, quand un message en appel à des désirs égoïstes, comme d'atteindre un statut, même s'il s'agit d'un avancement spirituel, vous pouvez être certains que la source est d'un niveau similaire. Par conséquent, Benjamin Creme suggère d'utiliser notre intuition lorsqu'on essaye de situer le niveau d'origine des messages: « L'intuition vient du cœur et n'a rien à voir avec le principe du désir qui est astral et provient du plexus solaire. Essayer de prendre conscience de la différence entre les deux...»[85]

Notes

1 Le Maître de Benjamin Creme (1998), 'Le Nouvel Âge est arrivé'. *Un Maître Parle*, p.351
2 Alice A. Bailey (1951), *Un Traité sur les Sept Rayons, Vol. III – Astrologie Esotérique*, édition anglaise pp.472-73
3 George Adamski (1955), *Inside the Space Ships*, pp.94-95
4 Enrique Barrios (1989), *Ami, Child of the Stars*, pp.36-37
5 Adamski (1955), op cit, pp.201-02
6 Howard Menger (1959), *From Outer Space to You*, p.47
7 Daniel Fry, (1954a), [A Report By Alan] *To Men of Earth*, dans Fry (1966), *The White Sands Incident*, pp.77-78
8 Ibidem, pp.78-79
9 Barrios (1989), op cit, p.84
10 Adamski (1955), op cit, p.139
11 Fry (1954a), op cit, p.90
12 Ibid., op cit, p.91
13 Adamski (1955), op cit, pp.137-38
14 Fry (1954a), op cit, pp.73-74
15 Ibid., op cit, p.74
16 Adamski (1957-58), *Cosmic Science for the Promotion of Cosmic Principles and Truth* – Series No. 1, Part No.2, Question #25
17 Fry (1954a), op cit, pp.75-76
18 Adamski (1957-58), op cit, Part No.2, Question #23

19 Ibid., Part No.4, Question #72

20 Peter Senge et al (2004), *Presence – Human Purpose and the Field of the Future*, p.14

21 Adamski (1955), op cit, pp.88-89

22 Le Maître de Benjamin Creme (2014), 'Des problèmes qui appellent l'action'. Magazine *Partage International*, Vol.33, No.3, Avril, p.3

23 Bailey (1957), Extériorisation de la Hiérarchie, édition anglaise p.580

24 Stephen Leahy (2013), *'Building a better world, one block at a time'*. IPS [web], 8 Octobre. Lien internet :<www.ipsnews.net/2013/10/building-a-better-world-one-block-at-atime/>.[Atteint le 5 Août 2015]

25 Source: www.transitionnetwork.org

26 Niels Bos (2014), 'Our changing view of food: from commodity to commons'. Magazine *Partage International*, édition anglaise, Vol.33, No.4, Mai, pp.17-18, 20

27 Thiago Staibano Alves (2014), 'Business without bosses – democracy in thework place'. Magazine *Partage International*, éd.anglaise, Vol.33, No.3, Avril, pp.17-18

28 Source: www.johnlewispartnership.co.uk/

29 Source: PayScale. www.payscale.com/data-packages/ceo-income [Atteint le 8 Août 2015]

30 Paul Mason (2015), 'The end of capitalism has begun'. *The Guardian*[web], 17 Juillet. Lien internet : <www.theguardian.com/books/2015/jul/17/postcapitalism-end-of-capitalism-begun>. [Atteint le 18 Juillet 2015]

31 Stefan Denaerde (1977), *Operation Survival Earth*, p.61

32 Tex Gunning (2011), 'Value Based Education'. NIVOZ lecture, 13 Octobre. Lien internet : <hetkind.org/wp-content/uploads/2011/10/Value-Based-Education-lezing-Tex-Gunning-13-oktober-2011-NIVOZ.pdf>

33 Creme (2012), *Unité dans la Diversité*, p.82

34 Creme (2014), 'Questions/ Réponses'. Magazine *Partage International*, édition anglaise, Vol.33, No.5, Juin, p.22

35 Barrios (1989), op cit, pp.99-100

36 Creme (2012), op cit, p.90

37 Bailey (1957), op cit, pp.580-81

38 Creme (2012), op cit, p.79

39 Creme (2013), 'Questions/ Réponses'. Magazine *Partage International*, édition anglaise, Vol.32, No.10, Décembre, p.23

40 Benjamin Creme's Master (2012), 'La Grande Décision'. Magazine *Partage International*, édition anglaise,, Vol.31, No.1,Janvier/Février, p.3

41 Adamski (1957-58), op cit, Part No.3, Question #44

42 Adamski (1955), op cit, p.117

43 Adamski (1957-58), op cit, Part No.4, Question #80

44 Adamski (1955), op cit, pp.239-40

45 Adamski (1957-58), op cit, Part No.3, Question #49

46 Roberto Savio (2013), 'Switzerland Sets Example for Income Equality'.InterPress Service News Agency [web], 11 Mars. Lien internet :<www.ipsnews.net/2013/03/switzerland-sets-example-for-incomeequality/>. [Atteint le 5 Août 2015]

47 Denaerde (1977), op cit, pp.114-15

48 Creme (2012), op cit, pp. 21-22
49LeMaîtredeBenjaminCreme(1994),'Servird'unemanièrenouvelle' *UnMaîtreParle,* p.265
50 Denaerde (1977), op cit, p.132
51 Fry (1954a), op cit, p.84
52 Truman Bethurum (1954), *Aboard a Flying Saucer*, pp.74-75
53 Adamski (1957-58), op cit, Part No.2, Question #39
54 Fry (1954a), op cit, p.92
55 Wilbert Smith (1969), *The Boys from Topside*, p.29
56 Ibid., p.28
57 Adamski (1955), op cit, p.93
58 Le Maître de Benjamin Creme (1999), 'Une Esquisse de l'Avenir'. op cit, p.369
59 Creme (2010), *Le Rassemblement des Forces de la Lumière,* édition anglaise p.37
60 Adamski (1955), op cit, p.100
61 Barrios (1989), op cit, p.87
62 Adamski (1955), op cit, p.184
63 Fry (1954a), op cit, pp.70-71
64 Adamski (1936), *Wisdom of the Masters of the Far East*, p.33
65 Fry (1954a), op cit, p.71

Le message et la source

66 Adamski (1955), op cit, p.222
67 Adamski (1965), *Answers to Questions Most Frequently Asked About the Space Visitors and Life on Other Planets* , p.15
68 Adamski (1965), op cit, p.21
69 Aartsen (2010), *George Adamski – A Herald for the Space Brothers*, 2nd ed. 2012, pp.20-23
70 Creme (2001), op cit, p.76
71 Creme (1993), La Mission de Maitreya, Vol. 2 ,édition anglaise pp.565-66
72 Adamski (1962), 'World Disturbances'. Dans: *Cosmic Science*, Vol.1, No.1, Janvier 1962, p.473 Adamski (1957-58), op cit, Part No.1, Question #14
74 Adamski (1955), p.99
75 Barrios (1989), op cit, p.33
76 Ibid., p.99
77 Ibid., p.33
78 Adamski (1955), op cit, p.104
79 Menger (1959), op cit, p.37
80 Creme (2001), op cit, p.28
81 Bailey (1948), Le Retour du Christ, édition anglaise p.74
82 Creme (2001), op cit, p.9
83 Adamski (1957-58), op cit, Part No.5, Question #85
84 Ibid., Part No.1, Question #15
85 Creme (2014), 'Questions/ Réponses'. Magazine *Partage International*, éd.anglaise, Vol.33, No.2, Mars, p.26

Les planètes sont des écoles du Cosmos (pp.135-36)

a Eileen Buckle (1967), *The Scoriton Mystery – Did Adamski Return?* pp.61-63

b Giorgio Dibitonto (1990), *Angels in Starships*, p.30

c Wendelle C. Stevens (1990), Préface dans Dibitonto (1990), op cit

d Gennady Belimov, 'Boriska – Boy from Mars'. *Pravda* [web],12 Mars 2004. Lien internet : <web.archive.org/web/20040402081230/english.pravda.ru/science/19/94/377/12257_Martian.html>. [Atteint le 14 Août 2015]

e Creme (ed., 2005), 'Signes des Temps'. Magazine *Partage International*, édition anglaise, Vol.24, No.7, Septembre, p.16

f Voir par exemple, Creme (1993), *la Mission de Maitreya*, Vol. 2, édition anglaise p.553 e (2010), *Le Rassemblement des Forces de Lumières* , p.40

ÉPILOGUE

Sur la couverture de mon livre précédent, j'ai résumé le message général transmis par les contactés des années 50 et leurs successeurs par « la Vie est Une, vivez dans l'Unité...ou vous disparaîtrez...». Dans ce livre, j'ai montré comment les gens de l'espace, nous ont donné un aperçu sur la façon dont ils ont organisé leur vie sur la planète comme expression pratique de l'Unité que tous les Instructeurs de l'humanité ont prêchée et que nous avons ignorée à notre péril.

Tandis qu'*Ici pour Aider* montre comment la présence extraterrestre est intimement et in fine reliée au prochain pas dans l'évolution de la conscience humaine, *Priorités pour une Planète en Transition* offre une suite en présentant au lecteur une somme de preuves qui montrent que les visiteurs de l'espace ne se sont pas contentés de nous rappeler la nécessité de nous relier à notre source spirituelle, mais ont aussi réellement montré par de nombreux exemples comment la vie pouvait être organisée différemment pour une paix durable et la prospérité pour tous.

Ce qui a commencé comme le 'mouvement des soucoupes volantes' et qui a évolué en 'ufologie', est maintenant appelé 'exopolitique', en réaction au secret et à la désinformation dont le sujet a tant souffert. C'est là une tentative pour lui décerner un crédit universitaire.

La définition la plus simple de 'l'exopolitique' s'énonce en ce moment ainsi: «l'étude des acteurs politiques, des procédures et des institutions traitant de la vie extraterrestre» qui autorisent les nombreuses théories conflictuelles sur les intentions des visiteurs extraterrestres. Pour certains, cette définition présuppose l'existence d'une vie extraterrestre, pour d'autres elle est simplement une possibilité.

Cependant, basé sur l'ensemble des preuves réunies dans ce livre et du constat de l'état du monde aujourd'hui, une définition beaucoup plus pratique et basée sur des preuves s'impose d'elle même lorsqu'on revient au sens original de la construction du terme : 'exo' signifiant 'venant de l'extérieur' et 'politique' concernant 'l'état et les citoyens'.

Exopolitique : Gens d'autres planètes qui montrent des voies d'organisation de la société alternative plus saine à l'humanité pour organiser la société, sans imposer leurs vues.

Cette définition positionne d'emblée cette matière comme un concept beaucoup plus urgent et nous place solidement devant le défi des problèmes qui assaillent l'humanité aujourd'hui - politique, économique, financiers, sociaux et environnementaux.

Dans mon livre précédent, j'abordai inévitablement les implications socio-économiques qui donnent expression à notre Unité avec l'un et le Tout. La somme d'informations que les Frères de l'Espace ont partagé dans ce domaine, qui vont de remarques impromptues à un exposé de deux jours sur leur organisation économique et sociale, en incluant de réelles visites, est réellement stupéfiante. Elles nous présentent une image très complète de la manière dont la vie s'organise sur leurs planètes de façon soutenable dans la liberté et la justice pour tous.

En tant que tel, ils nous fournissent un exemple plus que nécessaire et prometteur de ce que nous pourrions mettre en œuvre, si nous le voulons.

APPENDICES

I. La méthodologie de recherche: Une synthèse critique

Etant donné que l'histoire moderne de l'ufologie qui commence après la seconde Guerre Mondiale, est entachée de dissimulation, de désinformation, de théories conspirationnistes, de spéculations et de gens qui cherchent à attirer l'attention, presque personne ne sait à quelle information se fier ou prendre au sérieux. En conséquence, en dépit de quantités de preuves, d'innombrables observations fiables, de témoins oculaires de valeurs, une majorité de personnes - et particulièrement les médias - ne prennent pas les visites extraterrestres au sérieux.

Sans doute que la majorité des gens se remettront à jour à mesure que des événements irréfutables se dérouleront, mais pour ceux qui se débattent actuellement pour identifier d'authentiques informations, j'affirme qu'il n'est nul besoin de 'croire'. Je suggère à la place qu'il y a une voie viable pour distinguer les faits de la fiction ou de la tromperie délibérée. A cause de la nature de la présence extraterrestre, ce n'est pas aussi direct que de prendre des mesures, de compiler et d'analyser les données ainsi obtenues. La plupart des expériences et des déclarations sont subjectives et ne peuvent être répétées à volonté comme dans un laboratoire.

Dans l'Évangile de Matthieu, nous lisons, «Cherchez et vous trouverez.» Malheureusement, l'apôtre Marc oublie de rajouter que l'on trouve ce que l'on cherche. Si les chercheurs sont en quête de récits qui abondent dans le sens d'une menace extraterrestre, ils les trouveront, tout autant qu'ils existent quantités de récits qui vont dans le sens contraire. Comment, donc, décider si un témoignage est crédible ?

Dans son 'kit de détections des balivernes' l'estimé Carl Sagan a dit : «quoique vous ayez à expliquer, si vous avez quelques mesures, quelques valeurs numériques qui y sont reliées, vous serez beaucoup plus capables de faire la distinction entre des hypothèses concurrentes. Ce qui est vague et qualitatif est ouvert à de nombreuses explications. Bien sûr, il y a des vérités qui sont à chercher parmi les nombreux problèmes qualitatifs auxquels nous sommes forcément confrontés, mais *les* découvrir est un défi encore plus important.»[1] Le challenge est de concevoir alors une approche acceptable qualitative de recherche dans ce domaine qui permette d'établir ce qui ne peut être mesuré ou évalué par des méthodes quantitatives ou réductionnistes.

Dans les années 1950, l'ingénieur et chercheur Canadien Wilbert Smith raconta: « Dans plusieurs cas fiables, des gens ont décrit avoir vu les êtres qui pilotent ces engins. Ils disent qu'ils nous ressemblent. Il y a un assez grand nombre de gens de récits de contacts entre ces êtres d'ailleurs et les gens de la Terre (...) et les résultats de ces contacts sont remarquablement consistants et éclairants.»[2] Dans un article de 1958, il décrit sa recherche comme suit: «la procédure de contrôle des contacts consistait à demander un nombre de questions anodines mais significatives et de comparer les réponses à ces questions obtenues auprès d'autres contacts. Les questions étaient du type: vivent-ils sur la planète Mars ? Si oui, quelle est la forme générale de leurs maisons ? Est-ce que les gens sur Mars utilisent des pièces de monnaie ? Si oui, à quoi ressemblent-elles ? En tout, près d'une centaine de questions étaient listées. Parmi les contacts qui peuvent être classifiés comme authentiques, il y eut une concordance pratiquement parfaite. Parmi les autres contacts supposés, la concordance était extrêmement pauvre, ou inexistante. Bien sûr, là où la concordance était générale mais où un ou deux points ne se correspondaient pas, un effort fut fait pour identifier les raisons de cet écart. Dans chaque cas, on découvrit que la personne avait émise une idée ou un commentaire terrestre, souvent de nature religieuse, au lieu de retransmettre fidèlement ce qui avait été communiqué.»[3]

La méthode de recherche que j'ai employé est très similaire à la procédure décrite par Wilbert Smith et aida à passer au crible les déclarations des contactés tout en regardant les informations spécifiques de sources indépendantes, de façon à obtenir des données sur ces 'problèmes qualitatifs' auxquels 'nous sommes obligatoirement confrontés' face à tant de désinformation et d'ignorance.

Etant donné la multitude de théories et de récits conflictuels, il est essentiel d'établir quelques critères basiques qui peuvent servir de paramètres ou de pierres de touche pour tester la validité de toute prétention à un contact extraterrestre, volontaire ou involontaire. Nous regarderons les faits sur une base neutre car, à cause des récits divergents, les gens ne savent pas si les visiteurs extraterrestres sont bénins, agressifs ou peut-être les deux à la fois. Etant donné que la désinformation est l'obstacle le plus important pour établir ce qui est réel ou non, le point de départ évident est constitué des témoignages qui ne sont *pas* déformés par la désinformation, la dissimulation et la spéculation. Le fait que ces témoignages sont nombreux et issus de différentes parties du monde nous assure que cette base de critères sera universelle, fiable et exploitable.

1. Considérations Historiques:

Au vu des si nombreuses hypothèses sur la présence extraterrestre, nous devons démarrer notre enquête au commencement de l'histoire moderne de l'ère des ovnis, avec les nombreux récits des 'foo fighters' par les pilotes de chasse de la Seconde Guerre Mondiale, l'observation par Kenneth Arnorld en Juin 1947, le crash (certains diraient 'supposé') d'une soucoupe près de Roswell en Juillet 1947 et les expériences des contactés du début des années 50. Ils suscitèrent une véritable frénésie du public dans le monde entier. Au sujet des spéculations sur la possible origine terrestre des soucoupes volantes, Desmond Leslie argumenta contre avec son inimitable gaieté en disant: «...la seule objection à la 'Théorie de la Puissance [ennemie] Alien' est que ces soucoupes ont survolé toutes les parties du monde (indifféremment entre les amis et les adversaires) pendant de longues périodes. Les recherches montrent qu'ils sont apparus en grand nombre et ont été observés par d'éminents astronomes bien avant que les frères Wright réussissent leur premier vol 'plus-lourd-que-l'air'. Dans ce cas, cette puissance terrestre qui serait en possession d'une telle technologie doit être de nature bien pacifique, car elle pourrait conquérir le monde du jour au lendemain, à tout moment de son choix !»[4]

Il est frappant de voir que ces premières observations et expériences sont soient neutres soient franchement amicales. De plus le fait qu'il n'y ait eu aucun rapport d'agression de la part des pilotes de l'Armée de l'Air de la Seconde Guerre Mondiale, ou 'd'enlèvements' des premiers contactés signalent une présence neutre ou amicale.
Si nous sommes visités par des extraterrestres avec des intentions bonnes ou mauvaises, il n'y a aucune raison pour que des contacts d'un seul type se soient produit sans que les contacts des autres types ne se soient également produits à l'époque des premiers contactés.

2. Considérations sociales:
Les personnes contactées, qui furent connues du public au début des années 50, étaient peu ou non scolarisées et n'avaient pas de 'statut social' particulier, comme Buck Nelson, Truman Bethurum, Orfeo Angelucci et Georges Adamski. Plus tard, les récits de personnes d'un niveau scolaire plus avancé, comme Daniel Fry, Wilbert Smith et Dino Kraspedon furent publiés. A présent, en 2015, nous avons des récits de militaires, d'astronautes, de scientifiques et même d'officiels et de diplomates qui attestent, en se basant sur leur expérience personnelle, des intentions amicales des visiteurs. Ces dignitaires n'ont fait aucun signalement 'd'enlèvements', ni d'atrocités commises à leur encontre, qui sont souvent attribués aux visiteurs.
Si nous sommes visités par des extraterrestres avec des intentions bonnes ou mauvaises, il n'y a aucune raison pour qu'un type de contact soit établi avec une seule couche sociale de l'humanité, et non avec d'autres couches.

3. Considérations Politiques :
Lorsque les premiers contacts furent signalés, le monde était profondément divisé entre deux blocs de l'Est et de l'Ouest et sous la grave menace d'une annihilation par l'arme nucléaire. Il fut demandé à ma plupart des contactés d'avertir le monde contre ces dangers et d'insister sur la nécessité de la co-opération mondiale pour empêcher un désastre. Ils rapportèrent l'offre d'une alternative technologique si l'humanité abolissait l'armement nucléaire (A noter que Desmond Leslie fut parmi les

premiers membres de la Campagne pour le Désarmement Nucléaire, le CND au Royaume-Uni).[5] Sérieusement préoccupé par l'intérêt massif du public par ce message d'espoir d'une paix et d'une fraternité internationale, l'établissement politico-militaro-industriel fomenta une campagne concertée de désinformation pour effrayer et embrouiller le public.[6] Les contactés comme Giorgio Dibitonto reçurent aussi plus tard, lors de leurs expériences des années 80[7], des avertissements graves sur les dangers de la technologie nucléaire.

Pareillement, l'information délivrée par les premiers contactés coïncident à 100% avec le consensus politique sur l'action urgente qui doit être mise en œuvre pour résoudre les problèmes de la Terre et empêcher la catastrophe. Cette intention fut incarnée par le rapport de la Commission Brandt (voir page 100).

Si nous sommes visités par des extraterrestres avec des intentions bonnes ou mauvaises, nous devrions avoir d'authentiques récits pour la promotion de la co-opération, de la justice et de la paix mais aussi , à n'importe quel moment depuis les années 50, pour son opposé, sous la forme de contacts proposant des technologies encore plus destructrices.

<u>4. Considérations Spirituelles:</u>

Les messages et l'information provenant à la fois des premiers contactés et des nombreux autres qui suivirent sont pénétrés des idées de respect pour le libre-arbitre de l'humanité, d'expansion de la conscience et de la Règle d'Or. Cela coïncide avec les enseignements de la Sagesse Immémoriale, bien que, jusqu'à un certain point, les deux dernières idées se trouvent dans les religions majeures du monde.

Si nous sommes visités par des extraterrestres avec des intentions bonnes ou mauvaises, nous devrions avoir des compte-rendus de philosophies de vie ou d'enseignements de contacts authentiques qui ne coïncident ou ne confirment pas seulement les enseignements fondamentaux de l'humanité communs aux religions et la sagesse traditionnelle, mais aussi avec des enseignements et des vues sur la vie opposés.

Ayant établi ces faits, nous pouvons maintenant utiliser ces critères pour tester les déclarations de toutes sortes et décidez par nous-mêmes si elles satisfont les critères historiques, sociaux, politiques et spirituels, sans lesquels elles iraient à l'encontre des preuves consistantes, de la logique et du bon sens. Si elles ne répondent pas à ces critères, il faudra voir s'il y a de preuves du contraire ou s'il y a des explications alternatives possibles.

A titre d'exemple, considérons le cas des 'enlèvements' en général et voyons si cela rentre dans les critères que nous venons de formuler.

(1) Aucun des premiers contactés n'a signalé avoir été emmené contre sa volonté, ou que son intégrité physique fut atteinte, mis à part quelques égratignures accidentelles ou des brûlures dues à l'exposition inhabituelle au champ de force d'un vaisseau.

(2) Il n'y a eu aucun rapport parmi les officiels et les dignitaires qui se soient exprimées ouvertement sur leur 'enlèvements' ou déclarées avoir subi des 'expérimentations'.

(3) Il n'y a eu aucun rapport où il fut transmis que la guerre (nucléaire) est une option.

(4) Il n'y a eu aucun rapport de gens à qui on a inculqué une philosophie 'matérialiste' ou 'égoïste', de type Nazi par exemple.

Puisque la prétention à un 'enlèvement' ne convient pas à nos critères d'authenticité, alors que des milliers de personnes le prétendent, nous devons établir quelle serait l'explication alternative de telles expériences. En fait il y a quatre explications plausibles:

(a) En premier lieu, un certain nombre de gens disent avoir été 'enlevés' car c'est la terminologie généralement utilisée sans discrimination par les reporters à sensations. Il se peut qu'il s'agisse donc d'un contact 'normal'.

(b) Etant donné qu'il est prouvé que des intérêts en place ont tenté d'effrayer et d'embrouiller le public sur la présence extraterrestre, les expériences 'd'enlèvements' ont pu être montées de toutes pièces par des services secrets. En fait, les chercheurs ont trouvé des preuves de 'budgets noirs' qui auraient pu être utilisés pour organiser de tels canulars. En 2006, Steven Greer déclara que de nombreux témoins ont certifié ce type d'activités[8], souvent dénommé MILABS (military abductions = enlèvements militaires) et Unacknowledged Special Access Projects (USAPs = Projets d'Accès Spécial Non autorisés). Implanter ou effacer de la mémoire au moyen de drogues, d'hypnose ou d'une combinaison des deux, a été un aspect de la guerre psychologique pendant des décennies.

(c) Avec le temps, une puissante et considérable forme-pensée s'est construite à partir des rêves et des peurs de l'humanité. Du fait que la majorité des gens est polarisée astralement (i.e dans le plexus solaire), il est aisé d'y puiser des rêves éveillés (voir pages 141-143). Les gens se convainquent alors eux-mêmes que leur expérience est réelle. Cela peut aller de la 'guidance' par les archanges à 'l'enlèvement par les aliens' ou pire.

(d) Les gens qui prétendent avoir été 'enlevés' ont pu être victimes d'une surexcitation de leur imagination pour des raisons psychologiques. Il y a de nombreux cas d'expériences 'contagieuses' par des gens qui empruntent celles des autres, comme les cas de personnes qui s'endorment ou tombent malades sans raison apparente ou qui entendent des sons, ou voient des choses. Comme Georges Adamski l'a dit une fois à propos de telles expériences: «Pour eux, elles sont réelles...mais ainsi sont les rêves au rêveur.»[9]

Examinons à présent un autre cas qui ne concerne pas les contacts personnels mais la déclaration que les gouvernements ou les puissances occultes ont réussi à maîtriser la technologie anti-gravité et autre technologie extraterrestre en collusion avec les abominables aliens. Ils gardent le secret et l'utilisent pour contrôler l'humanité et la planète. Selon certaines spéculations, les bases opèrent à partir de la Lune et de Mars. (Il y un grand nombre de gens qui sont persuadés que cela est bien réel, et il est peut-être utile pour eux de voir le total manque de logique d'une telle spéculation).

(1) Historiquement, les contactés ont affirmé presque sans exception, qu'un certain niveau de développement éthique et un certain stade dans l'évolution de la conscience vers l'unité, doit être atteint avant qu'une humanité ne puisse développer la technologie qui permet de voyager

dans le système solaire. Faute de ce développement moral, le progrès technologique se retourne à un certain point contre lui-même. A savoir qu'à présent, après une période de détente, nous sommes aujourd'hui en face de dangers technologiques couplés à des lacunes fondamentales en matière d'éthique sur Terre.

(2) Des déclarations de ce type sont souvent appuyées par des témoignages de gens qui ont travaillé, ou prétendent avoir travaillé dans des bases secrètes, quelquefois en faisant allusion à une coopération extraterrestre. Etant donné les extrémités jusqu'où sont allés les gouvernements et les militaires pour effrayer et embrouiller le public, il est impossible de savoir dans quelle mesure ces expériences sont réelles, implantées dans la mémoire, ou mélangées avec de la désinformation. Il y a aussi de nombreuses références au regretté ingénieur de la Lockheed Skunk Works Ben Rich qui aurait dit : «Nous avons la technologie pour ramener ET à la maison.» Mais, selon un membre du site Above Top Secret, du nom de Shadowhawk, cette déclaration est une déformation d'une signature que M. Rich utilisait à la fin de ses conférences depuis 1983: «The Skunk Works a reçu la tâche de ramener E.T. [le personnage du film] à la maison.»[10] (Voir aussi les déclarations faites par l'astronaute Dr Edgar Mitchell et l'ésotériste Benjamin Creme à la page 34)

(3) En ce qui concerne le critère politique, la déclaration que nous évaluons ici, sur le déploiement de ces technologies secrètes pour contrôler l'humanité et la planète est illogique, puisque l'élite qui est supposée garder cette technologie secrète possède déjà la quasi-totalité des richesses et des ressources.

(4) Il doit être clair à présent que le genre humain, et certainement l'élite qui est supposée disposer du moyen de voyager dans le système solaire, n'a pas encore atteint le point d'évolution (voir le point 1) qui y donne accès.

De nombreux lecteurs sont familiarisés avec le concept 'd'analyse critique' en tant que méthode analytique d'évaluation de la validité d'une idée ou d'un texte. Une analyse pose des questions sur l'auteur, sur la nature du travail considéré, sur sa thèse, sur comment il est relié aux

autres documents sur le même sujet, sur ses preuves, et cetera. Cette démarche amène à une conclusion.
En comparant les déclarations des contacts de multiples auteurs face aux critères définis ci-dessus, nous pouvons collecter des données qualitatives substantielles qui correspondent aux sources historiques et qui sont corroborées sur le temps par des sources indépendantes, de classes sociales et d'origine différentes, comme la science, l'armée, la politique, la religion et les enseignements de la sagesse.
Tant que les dossiers des gouvernements et des militaires restent classifiés, nous n'aurons pas de preuves tangibles. D'autant plus, que les efforts des Frères de l'Espace respectent notre libre-arbitre et notre liberté de pensée. Cependant, comme il s'agit d'une méthode qualitative de recherches à partir des sources premières, cette méthode nous fournit quatre critères qui nous permettent d'évaluer toute déclaration de contacts depuis les années 50:

1) **Le critère historique**: un contact authentique correspond avec la nature bénigne des premiers contacts.
2) **Le critère social**: un contact authentique se rencontre dans toutes les couches de la société.
3) **Le critère politique**: un contact authentique promeut les relations humaines correctes à travers la coopération, la justice, la liberté, la paix et la prise de conscience de l'environnement.
4) **Le critère spirituel**: : un contact authentique témoigne du respect du libre-arbitre de l'humanité, du développement de la conscience, et de la Règle d'Or.

En faisant la synthèse des informations, que nous avons examinées de cette façon, une image vivante et nette émerge de la vie sur les autres planètes, avec des exemples très importants qui, si nous en tirons avantage, nous permettront d'assurer un avenir de prospérité et de paix pour tous. Les lecteurs trouveront aussi que cette approche démasque les fables des 'Aliens' qui perpétuent la terreur sur Terre comme un simple démon du type décrit dans le livre de Carl Sagan *The Demon-Haunted World* qui fut conçu pour les conjurer par des moyens quantitatifs

Prenant en compte les récits antérieurs à la désinformation comme point de référence, cette méthode de référence inclut logique et bon sens, et va au-delà du simple : “Je veux croire...à n’importe quoi.». Je soumets que ce n’est pas être ouvert d’esprit, mais être dépourvu de sens critique, et ignorer les pierres de touche qui nous servent de validation.

Ceux qui cherchent des prétentions qui confirment leurs peurs les trouveront en abondance. Les lecteurs qui cherchent des informations vérifiables et substantielles, qui dès le début nous appellent à jouer un rôle actif dans la crise que l’humanité traverse actuellement, et qui suscite l’espoir, disposent à présent d’une méthode qualitative de recherche qui met à bas la désinformation, l’information erronée et la spéculation.

Notes

1 Carl Sagan (1997), *The Demon-Haunted World*, pp.196-97

2 Wilbert Smith (1969), *The Boys from Topside*, p.21

3 Smith (1958), ‘Why I believe in the Reality of Spacecraft’. *Flying Saucer Review*, Vol.4, No.6, Novembre-Décembre, p.9

4 Desmond Leslie (1955), ‘Astronomy and Space-Men’, *Flying Saucer Review*, Vol.1, No.3, July-August, p.23

5 Robert O’Byrne (2010), Desmond Leslie (1921-2001) – *The Biography of an Irish Gentleman*, p.102

6 Voir Gerard Aartsen (2011), *Ici pour Aider: les Ovnis et les Gens de l espace*, Chapitre 2, et l’ouvrage présent, pp.9-10

7 Voir Giorgio Dibitonto (1990), *Angels in Starships.*

8 Steven Greer (2006), ‘The Disclosure Project, [web] 2 Mai. Lien internet: <uploads.worldlibrary.net/uploads/pdf/20130308005411exopoliticsorxenopolitics_pdf.pdf> [Atteint le 11 Juillet 2015]

9 George Adamski (1957-58), *Cosmic Science for the Promotion of Cosmic Principles and Truth*, Series No.1, Part No.5, Question #88

10 ‘Shadowhawk’ (2013), commentaires sur le site web Above Top Secret, 21 et 22 Août 2013. Lien internet: <www.abovetopsecret.com/forum/thread965970/pg1> [Atteint le 7 Avril 2015]

II. La Règle d'Or

(La Loi d'Innocuité)

comme exprimée dans les différentes traditions religieuses

Baha'i
« Ne mets pas de poids sur une autre âme que tu ne souhaiterais porter toi-même, et ne désire pas pour autrui ce que tu ne souhaiterais pas pour toi-même. » – *Baha u'llah, Gleanings*

Bouddhisme
« Ne traite pas autrui d'une façon que tu considères pour toi-même comme blessante » – *Gautama Bouddha, Udana-Varga 5:18*

Confucius
"Ne fais pas à autrui ce que tu ne veux pas qu'on te fasse. » – *Confucius, Analecta 15.23*

Chrétienté
« Tout ce que vous voulez que les hommes fassent pour vous, faites-le de même pour eux, car c'est la loi et les prophètes.» – *Jésus, Matthieu 7:12*

Hindouisme
« Nous ne devrions jamais faire à autrui ce que l'on considère comme offensant pour soi-même. C'est, en résumé, la règle de Droiture. » – *Mahâbhârata, Anusasana Parva 113.8*

Islam
« Nul n'est un vrai croyant tant qu'il ne souhaite pas pour son frère ce qu'il souhaite pour lui-même. » – *le Prophète Mahomet,Hadith Quarante de an-Nawawi 13*

Jaïnisme
« On doit traiter toutes les créatures dans le monde comme on souhaite être traité » – *Mahavira, Sutrakritanga 1.11.33*

Judaïsme
« Ce que tu détestes, ne le fais pas à ton voisin. C'est la grande Loi ; tout le reste n'est que commentaire » – *Hillel, Talmud, Shabbat 31a*

Amérindiens
« Ne fais pas de tort ni ne hais ton voisin, Car ce n'est pas lui qui est fautif, mais toi-même. » – *Proverbe Pima*

Sikhisme
« Je ne suis l'étranger de personne ; et personne ne m'est étranger. En réalité, je suis l'ami de tous » – *Guru Granth Sahib, p.1299*

Taoïsme
« Considère le gain de ton voisin comme ton propre gain, et la perte de ton voisin comme ta propre perte. » – *T ai Shang Kan Ying P ien, 213-218*

Wicca
« Ne faites de mal à personne, faites ce que vous voulez. » – *La Rede Wicca*

Zoroastrisme
« Tout ce qui vous est désagréable, ne le faites pas aux autres » – *Shayast-na-Shayast 13:29*

Sources et Références

BBC Londres, ' "UFO" spotted over London 2012 site', 10 Novembre 2009

Der Bund, 'Es leuchtete und schwebte über das Weserstadion', 9 Janvier 2014

Castanet, site internet, 'Castanet's UFO? video', 13 Août 2014

China.org.cn, 'Second UFO seen over Chongqing', 16 Juillet 2010

CrypticMedia, 'UFO Over Chicago O'Hare', 30 Août 2007

English Eastday, 'Mystery of glowing white ball in the sky', 23 Août 2011

The Guardian, 'Unbridled capitalism is the "dung of the devil", citation du Pape Francis', 10 Juillet2015

InfoBAE.com, 'Misterio "cósmico" en San Lorenzo: ¿un OVNI sobrevoló el "Nuevo Gasómetro"?', 22 Avril 2014

Oxfam, 'Richest 1% will own more than all the rest by 2016', 19 Janvier 2015

The Siberian Times, 'So did a UFO shoot down the famous Chelyabinsk meteorite last month?', 28 Février 2013

The Sydney Morning Herald, 'Bright lights on dwarf planet Ceres perplex NASA scientists', 27 Février 2015

Tazi Sutrin, BTV, interview avec Lachezar Filipov, Bulgarie, Octobre 2012

The Telegraph, 'Aliens "already exist on earth", Bulgarian scientists claim', 26 Novembre 2009

Todas Noticias, 'Viralísimo: el mundo habla de un "ovni" que apareció al aire en TN', 6 Mars 2015

Trading Economics, 'Spain Youth Unemployment Rate', 14 Avril 2014

UFO Evidence, 'Two children encounter UFO and small humanoid beings in Cussac, France', n.d.

UFO Sightings Hotspot blog, 'Huge UFO spotted on SOHO image', 1 Mars, 2015

Nations Unies, 'The Universal Declaration of Human Rights', 1948

The White House Office of the Press Secretary, 'President Barack Obama's State of the Union Address', 28 Janvier 2014

Wikipedia, 'James E. McDonald', n.d.

World Economic Forum, *Outlook on the Global Agenda 2014*, Chapitre 2, Widening income disparities', 2014

Gerard Aartsen. *George Adamski – A Herald for the Space Brothers* (the Netherlands, Amsterdam: BGA Publications, 2010)

Gerard Aartsen. Here to Help: UFOs and the Space Brothers. (Netherlands, Amsterdam: BGA Publications, 2011), deuxième édition augmentée, 2012

Gerard Aartsen. *Our Elder Brothers Return – A* History in Books (the Netherlands, Amsterdam: BGA Publications, 2008); publié en ligne sur www.bibliotecaga.info

George Adamski. *Answers to Questions Most Frequently Asked About Our Space Visitors and Other Planets* (USA, Palomar Gardens, CA: G. Adamski, 1965)

George Adamski. *Cosmic Science for the promotion of Cosmic Principles and Truths.*

(USA, Valley Center, CA: Cosmic Science, 1957-58)

George Adamski. *Flying Saucers Farewell.* (USA, New York, NY: Abelard-Schuman, 1961)

George Adamski. *A l'Intérieur des Vaisseaux de l'Espace.* (Michel Moutet Éditeur (1979)

George Adamski. *Many Mansions* (USA, Detroit, MI: Interplanetary Relations,1955), réimpression 1974

George Adamski. *Pioneers of Space* (USA, Los Angeles, CA: Leonard-Freefield,1949)

George Adamski. 'The Space People' (1964). Dans: Gerard Aartsen, *George Adamski – A Herald for the Space Brothers*, 2010

George Adamski. *Wisdom of the Masters of the Far East* (USA, Laguna Beach, CA: Royal Order of Tibet, 1936), réimpression en facsimile Health Research, 2000

George Adamski. 'World Disturbances'. dans : Cosmic Science, Vol.1; N°1, Janvier 1962

Stéphane Allix (dir). *Experiencers.* (France: 13E Rue, 2011)

Thiago Staibano Alves. 'Business without bosses – democracy in the workplace'. Magazine *Partage International* édition anglaise, Vol.33, No.3, Avril 2014

Orfeo Angelucci. *The Secret of the Saucers.* (USA, Amherst, WI: The Amherst Press, 1955)

Alice A. Bailey. *L'Extériorisation de la Hiérarchie* (Genève, Lucis Trust)

Alice A. Bailey. *Le Retour du Christ* (Genève, Lucis Trust)

Alice A. Bailey. *Un Traité sur la Magie Blanche* (Genève, Lucis Trust)

Alice A. Bailey. *Un Traité sur les 7 Rayons Volume III – Astrologie Esotérique* (Genève, Lucis Trust)

Alice A. Bailey. *Un Traité sur les 7 Rayons Volume V – Guérison Esotérique* (Genève, Lucis Trust)

Eliza Barclay. 'More cities are making it illegal to hand out food to the homeless'. NPR *The Salt*, 22 Octobre 2014

Enrique Barrios. *Ami, l'Enfant des Étoiles* (FR, AdA, 1999)

Gennady Belimov. 'Boriska – Boy from Mars'. *Pravda*, 12 Mars 2004

Truman Bethurum. *Aboard a Flying Saucer.* (USA, Los Angeles, CA: DeVorss & Co., 1954)

Willy Brandt (ed.). *Nord-Sud, un Programme de Survie* (FR, Collection Idées (n° 429 Edition Gallimard, 1980)

Niels Bos. 'Our changing view of food: from commodity to commons'. *Partage International* édition anglaise, Vol.33, No.4, Mai 2014

Stefano Breccia. *Mass Contacts* (UK, Milton Keynes: AuthorHouse, 2009)

Eileen Buckle. *The Scoriton Mystery – Did Adamski Return?* (Londres, UK: Neville Spearman, 1967)

Andrew Buncombe. 'US Presidential aide John Podesta says biggest regret is not securing release of government records about UFOs'. *The Independent*, 16 Février 2015

Norman Byrd. 'UFO caught "monitoring" International Space Station on live camera'. Examiner.com, 9 Octobre 2014

Joseph A. Califano Jr. 'What Was Really Great About The Great Society –The truth behind the conservative myths', *The Washington Monthly*, Octobre 1999

Robert Chapman. UFO – *Flying Saucers over Britain?* (Frogmore, St Albans, Herts, UK: Mayflower Books Ltd, 1972), réimpression 1974

Stephen Coan. 'The day the aliens landed'. *The Witness*, 16 April 2008

Steve Connor. 'The galaxy collisions that shed light on unseen parallel Universe'. *The Independent*, 26 Mars 2015

David Crary and Lisa Leff. 'Number of Homeless Children in America Surges to All-Time High: Report'. *The Huffington Post*, 17 Novembre 2014

Benjamin Creme. *L'Art de la Cooperation*. (FR, Partage Publication)

Benjamin Creme. *Le Rassemblement des Forces de Lumières* - les *ovnis et leur mission spirituelle* (FR, Partage Publication)

Benjamin Creme. *Le Grand Retour* (FR, Partage Publication)

Benjamin Creme. *La Mission de Maitreya, Vol.2* (FR, Partage Publication)

Benjamin Creme. *La Mission de Maitreya Vol.3* (FR, Partage Publication)

Benjamin Creme. *La Réapparition du Christ et des Maîtres de Sagesse* (FR, Partage Publication)

Benjamin Creme. *L'Unité dans la Diversité* (FR, Partage Publication)

Benjamin Creme. *Un Maître Parle,* (FR, Partage Publication)

Benjamin Creme. *Les Lois de la Vie* (FR, Partage Publication)

Benjamin Creme. *Messages from Maitreya the Christ.* (FR, Partage Publication)

Benjamin Creme (ed.). Magazine *Partage International* édition anglaise Vol.8, No.3, Avril 1989; Vol.22, No.5, Mai 2003; Vol.24, No.7, Septembre 2005; Vol.26, No.1, Juillet/Août 2007 ; Vol.28, No.1, Janvier/ Février 2009; Vol.28, No.11, Novembre 2009; Vol.30, No.8, Octobre 2011; Vol.31, No.7, Septembre 2012; Vol.32, No.3, Avril 2013; Vol.32, No.7, Septembre 2013; Vol.32, No.10, Décembre 2013 ; Vol.33, No.2, Mars 2014; Vol.33, No.5, Juin 2014; Vol.33, No.6, Juillet/Août 2014.

Stefan Denaerde. *Contact from Planet Iarga*. (USA, Tucson, AZ: UFO Photo Archives, 1982)

Stefan Denaerde. *Operation Survival Earth*. (USA, New York, NY: Simon & Schuster Pocket Books, 1977)

Giorgio Dibitonto. *Anges en Astronef* (FR, Ramuel (1995)

Christopher Donato. '90-Year-old man charged with feeding the homeless says he won't give up'. ABC News, 6 Novembre 2014

Natalie Evans. 'UF-Olympics? "Alien spacecraft" caught on camera over the London 2012 opening ceremony'. *Daily Mirror*, 31 July 2012

Siobhan Fenton. 'Welfare cuts: Statistics watchdog urges Government to release clear information on benefits sanctions'. *The Independent*, 8 Août 2015

Carlos Fredo. 'OVNI sobre el volcán Popocatépetl, octubre 2012'. StarMedia, 2 Novembre 2012

Daniel Fry. *Alan s Message: To Men of Earth (*1954). réimprimé dans : Daniel Fry. *The White Sands Incident.* (USA, KY, Louisville: Best Books Inc, 1966)
Daniel Fry. *The White Sands Incident.* (USA, Los Angeles, CA: New Age Publishing, 1954)
Amelia Gentleman. ' "No one should die penniless and alone": the victims of Britain's harsh welfare sanctions'. *The Guardian,* 3 Août 2014
Waveney Girvan. 'The Adamski Photographs – an open challenge'. *Flying Saucer Review,* Vol 6, No.2, Mars-Avril 1960
Waveney Girvan. Letter to the Editor, *The Observer,* 25 Octobre 1955
Timothy Good. *Contacts Extraterrestres.* (FR, Presse du Châtelet)
Timothy Good. *Unearthly Disclosure.* (UK, London: Century, 2000)
Steven Greer, M.D. 'Exopolitics or Xenopolitics'. The Disclosure Project, 2 Mai 2006
Tex Gunning. 'Value Based Education'. (Netherlands: NIVOZ lecture, 13 Octobre 2011)
Michael Hesemann (dir). *UFOs: The Contacts – The Pioneers of Space.* (Dusseldorf, Germany: 2000 Film Productions, 1996)
Jon Hilkevitch. 'In the sky! A bird? A plane? A ... UFO?'. *Chicago Tribune,* 7 Janvier 2007
Cynthia Hind. 'The Children of Ariel School'. *UFO AfriNews,* No.11, Fév.. 1995.
Rosie Jones (dir.), *Westall 66: A Suburban UFO Mystery.* (Australia: Screen Australia, Film Victoria, Endangered Pictures, 2010)
Owen Jones. 'It's socialism for the rich and capitalism for the rest of us in Britain'. *The Guardian,* 29 Août 2014
Alfie Kohn. 'Caring Kids – The Role of Schools'. *Phi Delta Kappan,* Mars 1991
Dino Kraspedon. *My Contact With Flying Saucers.* (USA, New York, NY: The Citadel Press, 1959)
Stephen Leahy. 'Building a better world, one block at a time'. Agence Inter Press Service News, 8 Octobre 2013
Desmond Leslie. 'Astronomy and Space-Men'. *Flying Saucer Review,* Vol.1, No.3, Juillet Août 1955
Desmond Leslie. 'Foreword'. Dans: Adamski. *Inside the Space Ships* (USA, New-York, NY: Abelard-Schumann, 1955)
Desmond Leslie & George Adamski. *Les Soucoupes Volantes Ont Atterri.* (FR, Editions J'AI LU -1954)
Nick Margerrison. Interview avec le Dr Edgar Mitchell on *The Night Before.* (UK, Peterborough: Kerrang! Radio 23 Juillet, 2008)
Roger Marsh. '1966: Michigan children discover landed UFO in local field'. MUFON Case No. 63749, 13 Mars 2015
Paul Mason. 'The end of capitalism has begun'. *The Guardian,* 17 Juillet 2015
Le Maître de Benjamin Creme. 'La Grande Décision'. Magazine *Partage International,* Vol.31, No.1, Janvier /Février, 2012
Le Maître de Benjamin Creme. 'Des problèmes qui appellent l'action'. Magazine *Partage International,* Vol.33, No.3, Avril 2014

James McDonald. Archival footage in: Rosie Jones (dir.; 2010), *Westall '66: A Suburban UFO Mystery.* (Australia: Screen Australia, Film Victoria, Endangered Pictures, 2010)

Dimitry Medvedev. Comentaire off après une interview sur Russian TV, 7 Décembre 2012

James Meek. 'Sale of the century: the privatisation scam'. *The Guardian*, 22 Août 2014

Howard Menger. *From Outer Space to You.* (USA, Clarksburg, VA: Saucerian Books, 1959)

Drishya Nair. 'Mass UFO Sighting: Thousands watch "UFO" Hovering in Brazilian Skies during Protests'. *International Business Times*, 20 Juin 2013

Minnie Nair. 'Mass UFO Sighting: Spaceship Shoots up Vertically during Hong Kong protests'. *International Business Times*, 3 Octobre 2014

Buck Nelson. *My Trip to Mars, the Moon, and Venus.* (USA, Missouri: Quill Press Company, 1956)

Tineke de Nooij. *Tineke's paranormale wereld.* (Netherlands: RTL4 TV, 27 Mars 1996)

Jimmy Nsubuga. 'Does this mystery white light captured by Nasa's Curiosity rover suggest there's life on Mars?'. *Metro UK*, 8 Avril 2014

Robert O'Byrne. *Desmond Leslie (1921-2001) – The Biography of an Irish Gentleman.* (Ireland, Dublin: The Lilliput Press, 2010)

Hillary Ojeda. 'YouTube: Unidentified flying object recorded in Lima today'. *Peru This Week* (2015)

Richard Padula. 'The day UFOs stopped play'. BBC News, 24 October 2014

Alberto Perego. *L'aviazione di altri pianeti opera tra noi: rapporto agli italiani: 1943-1963.* (Italie, Rome: Centro Italiano Studi Aviazione Elettromagnetica Roma, 1963)

Alejandro Rojas. 'Protesters in Brazil film UFO while drone films protesters'. Open Minds, 20 Juin 2013

Michael Rundle. 'UFOs Outside the International Space Station: Why Do We Keep Seeing Them?'. *Huffington Post UK*, 26 Janvier 2015

Mary-Ann Russon. 'Nasa's Curiosity Rover Captures "Cigar-Shaped" UFO Orbiting Mars'. *International Business Times*, 13 Mai 2014

Sophie Ryan. 'UFOs captured on film near Queenstown'. *The New Zealand Herald*, 14 Mai 2014

Carl Sagan. *The Demon-Haunted World.* (UK, London: Headline Book Publishing, 1997)

Roberto Savio. 'Switzerland Sets Example for Income Equality'. Agence Inter Press Service News Agency, 11 March 2013

Peter Senge et al. *Presence – Human Purpose and the Field of the Future.* (USA, New York, NY: Crown Business, 2004)

'Shadowhawk'. Comments to 'Can anyone find the source for this quote from Ben Rich. Re: hidden technology'. site internet Above Top Secret, 21 et 22 Août 2013

Wilbert Smith. *The Boys from Topside.* (USA, Clarksburg, WV: Saucerian Books, 1969)

Wilbert Smith. 'Why I believe in the Reality of Spacecraft'. *Flying Saucer Review*, Vol.4, No.6, November-December 1958

John Stevens. ' "UFOs" spotted over football stadium as Notre Dame game comes to a standstill'. Mail Online, 9 Septembre 2011

Wendelle C. Stevens. 'Preface'. In: Georgio Dibitonto, *Angels in Starships*. (USA, Phoenix, AZ: UFO Photo Archives, 1990)

Megan Stewart. 'Nat Baily UFO now identified as Space Centre "hoax"'. *Vancouver Courier*, 10 Septembre 2015

Marianne Szegedy-Maszak. '71 Years Ago FDR Dropped a Truthbomb That Still Resonates Today', *Mother Jones*, 12 Avril 2015

Giles Tremlett. 'The Podemos revolution: how a small group of radical academics changed European politics'. *The Guardian*, 31 Mars 2015

Claudia Urbaczka. 'UFO over German protest'. Letter to the editor. magazine *Partage International* , Vol.31, No.1, Janvier/Février 2012

Joris Verhulst. 'February 15, 2003: The World Says No to War'. Dans: Stefaan Walgrave & Dieter Rucht (eds). *The world says no to war: Demonstrations against the War on Iraq*. (USA, Minneapolis, MN, University of Minnesota Press, 2010)

Arjun Walia. 'Amazing Footage: Thousands Witness UFO over Brazilian Protests'. *Collective Evolution*, 20 Juin, 2013

Scott C. Waring. 'Dark UFO On Mars Caught by Curiosity Rover, July 2014'. UFO Sightings Daily, 18 Juillet 2014

Scott C. Waring. 'US Presidents'. UFO Sightings Daily (n.d.)

H.G. Wells. *The New World Order*. édition web The University of Adelaide Library

Sites Web :
www.johnlewispartnership.co.uk
www.payscale.com/data-packages/ceo-income
www.transitionnetwork.org

Entrevues:

M. Falco Friedhoff (Pays-Bas: Amsterdam, 4 Avril 2014)

M. Joseph O. Unazi (Pays-Bas: Amsterdam, 23 Novembre 2014)

INDEX

C

E

F

G

H

N

O

S

ID : 18441488
Révision: 2
http://www.lulu.com

ISBN 978-1-326-56424-7
90000
9 781326 564247